MINUS-1-DIÄT
DAS KOCHBUCH

Ronald Schweppe Julia Bollwein

MINUS-1-DIÄT
DAS KOCHBUCH
Leichter genießen mit der Achtsamkeitsformel

Inhalt

Die Minus-1-Diät: Abnehmen mit der Achtsamkeitsformel — 7

Achtsamkeit statt Kalorientabellen — 9
Was ist »Achtsamkeit«? — 10

Vertrauen Sie Ihrem Körper, nicht den Experten — 11

Wenn Essmuster dick machen — 12

Wie Sie das Dickmachprogramm löschen — 14
Und so funktioniert die Minus-1-Diät — 15
Welche Substanzen werden weggelassen? — 17
Leichter und freier werden in drei Schritten — 18

Das Minus-1-Tagebuch — 19

1. Woche
Eine Woche ohne Zucker — 23

2. Woche
Eine Woche ohne Fast Food und Snacks — 51

3. Woche
Eine Woche ohne Kaffee — 55

Koffeinfreie Muntermacher — 57
Koffeinfreier Kaffee — 57
Getreidekaffee — 57
Muntermacher ohne Koffein — 58

Inhalt

4. Woche
Eine Woche ohne Milchprodukte — 61

5. Woche
Eine Woche ohne Weißmehl — 89
- Die Alternative: Vollkornerzeugnisse — 91
- **Vollkornbrot Grundrezept** — 93
- **Schnelles Saatenvollkornbrot** — 94

6. Woche
Eine Woche ohne Alkohol — 95
- **Alkoholfreies Bier** — 96
- **Cocktails ohne Alkohol** — 98

7. Woche
Eine Woche ohne Fleisch, Fisch und Geflügel — 105

8. Woche
Eine Woche ohne Zusatzstoffe — 133

- Über die Autoren — 168
- Literatur und nützliche Adressen — 169
- Rezeptregister — 170
- Zutatenregister — 174
- Impressum — 176

Die Minus-1-Diät
Abnehmen mit der Achtsamkeitsformel

Die Minus-1-Diät ist keine Diät im üblichen Sinne. Vielmehr ist sie eine einfache Methode, die Ihnen dabei hilft, Ihre Achtsamkeit für das, was Sie essen, zu schärfen und Ihre Körperintelligenz zu entwickeln.

Heute leiden mehr Menschen unter Gewichtsproblemen als je zuvor. Zugleich spüren viele von uns, dass wir uns in einer Weise ernähren, die unserem Aussehen, unserem Wohlbefinden und auch unserer Gesundheit schadet. Auf den ersten Blick scheint die Ursache darin zu liegen, dass wir das »Falsche« essen. Und das stimmt ja auch: Wer zu viel, zu fett oder zu kalorienhaltig isst, bekommt mit der Zeit natürlich Gewichtsprobleme. Auf den zweiten Blick liegt die Ursache jedoch tiefer, denn die Frage ist ja, *warum* wir überhaupt Dinge essen, die uns belasten. Und genau hier kommt die Minus-1-Diät ins Spiel.

Im Gegensatz zu anderen Diäten geht es bei dieser Methode nicht darum, strenge Ernährungspläne einzuhalten, sondern darum, sich selbst zu beobachten, den »Autopiloten« beim Essen auszuschalten und die eigenen negativen Muster zu durchschauen.

Unsere Essgewohnheiten laufen meist sehr automatisch ab: Während wir essen, telefonieren wir, lesen Zeitung, fahren Auto oder sitzen vor dem Fernseher. Oft essen wir auf die Schnelle oder nebenbei. Da bleibt kaum Zeit, darüber nachzudenken und nachzuspüren, was wir essen, oder gar darüber, ob uns das, was wir da zu uns nehmen, eigentlich guttut oder nicht. Allerdings wäre es ohnehin keine Lösung, nur darüber nachzudenken. Vom Kopf her wissen Sie ja bestimmt längst, dass der Nizza-Salat bekömmlicher wäre als die

Die Vorteile der Minus-1-Diät auf einen Blick

Durch die Minus-1-Diät

- werden Sie herausfinden, wie Sie auf verschiedene Genuss- und Nahrungsmittel reagieren, welche davon Ihnen guttun und welche Ihnen (und Ihrer Figur) schaden;
- werden Sie lernen, die Signale zu erkennen, die Ihnen Ihr Körper schickt, und Ihre Bedürfnisse wieder besser zu spüren;
- werden Sie Ihr inneres und äußeres Gleichgewicht wiedererlangen und überflüssige Pfunde verlieren;
- werden Sie lernen, auf sich selbst zu vertrauen, statt sich von vermeintlichen Experten, Freunden oder den Medien verrückt machen zu lassen;
- werden Sie erfahren, dass es viel mehr Spaß macht, *mit* Ihrem Körper statt *gegen* ihn zu arbeiten.

Schwarzwälder Kirschtorte. Um jedoch wirklich herauszufinden, welche Nahrungsmittel Ihnen Energie und Leichtigkeit schenken und welche Sie belasten, gibt es nur eine Möglichkeit: Sie müssen es selbst spüren. Am eigenen Leib. Und dazu müssen Sie es erst einmal konsequent ausprobieren.

Die Minus-1-Diät hilft Ihnen, in einfachen, leicht umsetzbaren Schritten zu entdecken, welche Nahrungsmittel am besten zu Ihnen passen. Sie zeigt Ihnen, wo Ihre ganz persönlichen Fressfallen lauern und welche Art von Nahrung bei Ihnen Gewichtsprobleme verursacht. Das Ziel der Minus-1-Diät liegt nicht darin, in möglichst kurzer Zeit möglichst viel abzunehmen. Das Ziel ist es, achtsamer zu werden – Abnehmen ist »nur« eine Nebenwirkung. Allerdings tritt diese angenehme Nebenwirkung erfahrungsgemäß fast immer auf. Gerade Menschen mit hohem Übergewicht berichten uns regelmäßig, dass sie ihr Gewicht während und auch noch nach der Minus-1-Diät deutlich reduzieren konnten.

Achtsamkeit statt Kalorientabellen

Das wichtigste Instrument, das Sie während der Minus-1-Diät nutzen, um Erfahrungen zu sammeln, ist Achtsamkeit. In gewisser Weise handelt es sich bei der Minus-1-Diät sehr viel mehr um ein Achtsamkeitstraining als um eine Diät. So geht es auch weniger darum, äußere Regeln zu befolgen, als vielmehr um die richtige innere Haltung. Es geht darum, immer wieder in sich selbst hineinzuspüren. Dabei ist es wichtig, sich offen und neugierig wahrzunehmen, ohne sich jedoch selbst zu verurteilen.

Die Minus-1-Diät richtet sich an alle, die vor allem deshalb zu viel wiegen, weil sie unachtsam essen. Und genau genommen trifft das auf alle Übergewichtigen zu: Wir handeln den größten Teil unserer

Zeit über unbewusst. Wir essen automatisch, greifen in schwierigen Situationen reflexartig zur Schokolade, essen nebenbei oder folgen wie in Trance alten Mustern – kurzum: Wir essen unachtsam.

Was ist »Achtsamkeit«?

Achtsamkeit ist eine Fähigkeit, die jeder Mensch besitzt. Achtsam zu sein bedeutet einfach nur, wach und aufmerksam zu sein und zu beobachten, was um einen herum und vor allem in einem selbst vor sich geht – von Augenblick zu Augenblick.
Im Fernen Osten gilt die Achtsamkeit seit Jahrtausenden als wichtigste Säule der Meditation. Bei uns im Westen wird Achtsamkeit derzeit mit großem Erfolg im klinischen und therapeutischen Bereich eingesetzt. Achtsamkeitsübungen helfen, chronische Schmerzen in den Griff zu bekommen, Stress zu reduzieren und Suchtverhalten, Essstörungen oder eben auch Übergewicht entgegenzuwirken.

Durch Achtsamkeit lernen wir, wieder selbst die Kontrolle über unser Leben zu gewinnen und uns aus unbewussten Mustern zu befreien. Einfach gesagt ist Achtsamkeit die Kunst, wieder ganz bei sich anzukommen und selbst zu entscheiden, statt nur zu reagieren. Gerade beim Essen kann das zu wesentlichen Veränderungen führen. Im Zusammenhang mit der Minus-1-Diät bedeutet das beispielsweise, dass wir lernen, uns dessen bewusst zu werden, wie sich unser Körper anfühlt, wenn wir etwas Bestimmtes essen oder es vor allem auch einmal eine Weile konsequent von unserem Speiseplan streichen.

Vertrauen Sie Ihrem Körper, nicht den Experten

Durch die Minus-1-Diät werden Sie herausfinden, welche Nahrung *für Sie ganz persönlich* optimal ist. Jeder Mensch tickt anders: Für den einen ist es schädlich, Fleisch zu essen, für den anderen wäre es von Nachteil, sich vegetarisch zu ernähren. Das Gleiche gilt für Kaffee, Zucker, Milchprodukte, Alkohol usw. – pauschale Aussagen greifen hier immer zu kurz.
Leider hilft es uns nicht weiter, auf Ernährungsexperten zu hören. Dass auch sie nicht allwissend sind, zeigen zahlreiche Studien. Was immer uns Wissenschaftler heute ans Herz legen, kann morgen schon wieder Schnee von gestern sein. Ganz gleich, ob es um Rotwein, Schokolade, Kaffee, Soja, Rohkost oder Fleisch geht – ständig liefert die Wissenschaft neue Erkenntnisse, und mit jedem Forschungsergebnis werden wieder neue Empfehlungen ausgesprochen. Doch was ist denn nun wirklich »besser«: Low-Fat oder Low-Carb? Sollen wir auf Fleisch verzichten oder uns im Gegenteil vorwiegend von Tierischem ernähren? Ist die Cholesterinlüge wirklich eine Lüge? Ist Vollkorn tatsächlich so gesund, wie die Werbung behauptet? Und macht Schokolade eigentlich wirklich dick – oder doch eher glücklich?
Die »richtige« Antwort gibt es hier nicht. Hüten Sie sich vor Diäten, die Sie dazu zwingen, Ihre Ernährungsweise radikal umzustellen oder Dinge zu essen, die Ihnen zuwider sind. Und vor allem: Lassen Sie sich nicht länger von den ständig wechselnden Ernährungstipps aus den Medien verrückt machen, sondern hören Sie lieber auf die Stimme in Ihrem Inneren.
Die Minus-1-Diät lädt Sie dazu ein, wieder auf Ihre eigenen Instinkte zu achten und sich selbst mehr zu vertrauen. Statt Nahrungsmit-

tel ständig in »gut« und »schlecht« oder »gesund« und »ungesund« einzuordnen, können Sie damit beginnen, Ihre Achtsamkeit zu entwickeln, und so die Voraussetzung für ein natürliches und gesundes Verhältnis zu Ihrer Ernährung schaffen.

Übergewicht hängt fast immer damit zusammen, dass uns unsere Intuition und unser Gespür für die ideale Nahrung abhanden gekommen sind. Doch die Weisheit unseres Körpers geht nie verloren – sie ist immer da. Durch die Minus-1-Diät können Sie lernen, Ihren inneren Kompass neu zu entdecken; und das hat sehr viel weniger mit Nachdenken als vielmehr mit Spüren und Beobachten zu tun.

Ihr Körper weiß genau, wo es langgeht: Folgen Sie ihm einfach.

Wenn Essmuster dick machen

Abzunehmen ist nicht so sehr eine Sache des Willens. Schließlich *will* ja wohl jeder, der unter Übergewicht leidet, sein Gewicht reduzieren. Doch trotz aller guten Vorsätze: Solange wir in Mustern feststecken, nützt auch die beste Absicht nichts. Und leider wird unser Verhalten – und vor allem auch unser Essverhalten – sehr stark von Mustern bestimmt. Der Mensch ist ein Gewohnheitstier. Weder das, was wir essen, noch wie wir essen hat viel mit bewussten Entscheidungen zu tun.

Warum tappen wir eigentlich immer wieder in die gleichen Essfallen, obwohl wir doch wissen, dass wir dabei mehr essen, als uns guttut? Dafür gibt es drei Gründe – und sie alle hängen mit Unachtsamkeit beim Essen zusammen:

1. **Zerstreuung** Wir essen nebenbei und lassen uns durch Gespräche, das Handy, Zeitungen usw. ablenken.
2. **Unbewusstheit** Wir essen unbewusst. Wir sind nicht »dabei«. Während wir essen, grübeln wir über Probleme nach. Körperlich

Typische Essmuster

Es gibt einige typische Muster oder »Automatismen«, die früher oder später zu Problemen auf der Waage (und nicht nur dort) führen:
- Wir essen immer wieder die gleichen Dinge – sei es aus Bequemlichkeit oder aus Gewohnheit.
- Wir sitzen vor dem Fernseher und essen nebenbei Chips, Pizza oder Eis.
- Wir greifen zu kalorienhaltigen Snacks oder Fertiggerichten, weil wir keine Lust haben, uns etwas zu kochen.
- In Zeitnot essen wir auf die Schnelle und dabei haben wir kaum noch die Kontrolle darüber, was wir eigentlich essen.
- Wir »verwöhnen« uns unbewusst mit Nahrungs- oder Genussmitteln: Wenn wir Stress haben, einsam, gelangweilt oder frustriert sind, dienen vor allem Süßigkeiten, aber auch Alkohol oder Fast Food als Seelentröster.
- Wir wählen zu große Portionen und essen »brav« unseren Teller leer. Wir hören nicht auf die Signale unseres Körpers, sondern essen auch dann noch weiter, wenn wir längst satt sind.

sitzen wir zwar vor unserem Teller, doch unsere Gedanken und Gefühle sind ganz woanders.

3. **Ersatzbefriedigung** Essen kann leicht zum Ersatz für unbefriedigte Bedürfnisse werden. Unbewusst versuchen wir, einen inneren Mangel durch äußere Nahrung auszugleichen. Emotionale Esser (und dazu gehören die meisten) nutzen ihre Nahrung, um sich zu entspannen, zu trösten, zu belohnen oder einfach nur abzulenken. So gesehen sind es nicht die Kalorien, die dick machen, sondern es ist die Seele. Um Gewicht zu verlieren, müssen Sie herausfinden, wonach sich Ihre Seele sehnt.

Wie Sie das Dickmachprogramm löschen

Das einzige Mittel, das es Ihnen ermöglicht, sich langfristig aus der Falle unbewusster Muster zu befreien, ist Achtsamkeit. Die Minus-1-Methode dient dazu, alteingefahrene Essgewohnheiten zu durchbrechen. Durch diese Diät erfahren Sie, wie wohltuend es sein kann, einmal eine Woche lang auf bestimmte Nahrungs- oder Genussmittel zu verzichten, die Sie vielleicht schon seit vielen Jahren unbewusst zu sich nehmen, ohne sich jemals gefragt zu haben, was diese Substanzen eigentlich mit Ihnen machen.

Während der Minus-1-Diät probieren Sie systematisch Neues aus. Gleichzeitig entwickeln Sie Ihre Sensibilität und vertiefen den Kontakt zu sich selbst. Wichtig ist dabei, dass Sie sich selbst immer wieder Fragen stellen wie beispielsweise:

- »Wie geht es mir damit, wenn ich einmal eine Woche lang kein Fleisch oder keine Milchprodukte esse? Oder wenn ich eine Woche auf Alkohol oder Kaffee verzichte?«
- »Wie fühle ich mich, wenn ich einmal konsequent alle Süßigkeiten weglasse? Fühlt sich mein Körper anders an? Verändern sich meine Stimmungen?«
- »Was kann ich beobachten, wenn ich für eine begrenzte Zeit Konserven, Fertiggerichte und Tiefkühlkost links liegen lasse und ausschließlich natürliche Nahrungsmittel ohne Zusatzstoffe esse? Spüre ich einen Unterschied?«
- »Habe ich mehr oder weniger Energie, wenn ich auf bestimmte Nahrungsmittel verzichte? Schlafe ich besser? Bin ich ausgeglichener? Leide ich weniger unter Allergien oder Verdauungsproblemen? Nehme ich dabei ab?«

Die Minus-1-Diät hilft Ihnen, aufzuwachen. Sie hilft Ihnen, das Essen von einer automatischen, unbewusst ablaufenden Tätigkeit wieder in eine bewusste zu verwandeln. Und genau das ist nötig, um dauerhaft gesünder, vitaler und leichter zu werden – und das Essen auch noch mehr zu genießen.

Und so funktioniert die Minus-1-Diät

Die praktische Umsetzung der Minus-1-Diät ist sehr einfach. Der erste Schritt besteht darin, dass Sie zunächst damit aufhören, sich mit strengen Diäten zu quälen. Hören Sie auf, Kalorien zu zählen oder den Fett-, Kohlenhydrate- oder Vitamingehalt Ihrer Ernährung zu ermitteln. Befreien Sie sich völlig von all Ihren bisherigen Vorstellungen darüber, was Sie essen sollten und was nicht. Verabschieden Sie sich von allen Meinungen und Diättipps – ganz gleich woher sie stammen.
Und hier sind die wichtigsten Punkte der Minus-1-Methode:

- Die Minus-1-Diät dauert acht Wochen (wenn Sie den gesamten Zyklus durchlaufen wollen). Diese acht Wochen gehören nur Ihnen ganz alleine. Reservieren Sie sich diese Zeit für sich selbst und Ihre Erfahrungen.
- Es gibt dabei nur eine wichtige Regel: Verzichten Sie jeweils eine Woche lang auf jeweils ein bestimmtes Genuss- oder Nahrungsmittel.
- Entscheiden Sie sich bewusst dafür, in jeder der acht Wochen immer *nur eine einzige Sache* wegzulassen. Lassen Sie sich jedoch nie von Zwang oder Leistungsdruck leiten. Handeln Sie stattdessen aus selbstbestimmter Neugier. Vergessen Sie nicht: Die Minus-1-Diät dient vor allem dazu, neue Erfahrungen rund um das Essen zu machen, nicht dazu, sich zu quälen.

- Beobachten Sie sich während der jeweiligen Minus-1-Wochen sehr genau. Schalten Sie den Autopiloten aus. Schauen Sie genau hin, was passiert, wenn Sie z.B. eine Woche lang auf Zucker oder auf Fleisch, auf Kaffee oder Alkohol verzichten: Verändert sich etwas in Ihrem Körper? Verändert sich Ihr Gewicht? Beeinflusst das »Teilfasten« Ihre Stimmungen? Was passiert mit Ihrer Energie – fühlen Sie sich in der Woche ohne Zucker, Weißmehl oder Zusatzstoffe stärker und ausgeglichener, oder ist eher das Gegenteil der Fall? Und wie verändert sich Ihre Wahrnehmung im Laufe der Woche?
- Es geht nicht darum, sich zu verurteilen. Während der Minus-1-Diät gibt es keine »Fehler«. Da es weder »richtig« noch »falsch« gibt, sollte es auch kein schlechtes Gewissen geben. Jede Erfahrung, die Sie machen, ist wertvoll – ganz gleich ob es eine positive oder negative Erfahrung ist. Schauen Sie einfach nur genau hin: Werden Sie zum Zeugen, aber nicht zum Richter.

Die Minus-1-Diät im Überblick

1. Woche In der ersten Woche verzichten Sie auf Zucker.
2. Woche In der zweiten Woche verzichten Sie auf Fast Food und Snacks.
3. Woche In der dritten Woche verzichten Sie auf Kaffee und Koffein.
4. Woche In der vierten Woche verzichten Sie auf Milch und Milchprodukte.
5. Woche In der fünften Woche verzichten Sie auf Weißmehl.
6. Woche In der sechsten Woche verzichten Sie auf Alkohol.
7. Woche In der siebten Woche verzichten Sie auf Fleisch, Fisch und Geflügel.
8. Woche In der achten Woche verzichten Sie auf Zusatzstoffe.

Welche Substanzen werden weggelassen?

Während der Minus-1-Diät verzichten Sie jeweils eine Woche lang auf ein bestimmtes Nahrungs- oder Genussmittel, das in unserer modernen Zivilisationskost eine besonders große Rolle spielt. Die Nahrungsmittel, die dabei gecancelt (weggelassen) werden, sind solche, die wir oft automatisch, gewohnheitsmäßig und häufig auch in zu großen Mengen zu uns nehmen. Für manche Menschen sind einige dieser Substanzen sehr problematisch, während andere gut mit ihnen zurechtkommen. Doch nur Sie selbst können herausfinden, wie Sie reagieren.

Wir empfehlen Ihnen, die Minus-1-Diät in der angegebenen Reihenfolge als achtwöchige »Achtsamkeitskur« durchzuführen. In dieser Zeit werden Sie einige interessante Erfahrungen machen. Vermutlich werden Sie außerdem die eine oder andere Entscheidung treffen, sich in Zukunft bewusster zu ernähren.

Um einem häufigen Missverständnis vorzubeugen: Es ist nicht nötig, die acht Wochen am Stück durchzuführen. Sie können sehr flexibel mit der Minus-1-Diät umgehen. Beispielsweise können Sie eine Woche auf Zucker, dann eine Woche auf Fast Food verzichten und anschließend erst einmal einige Wochen pausieren, bevor Sie dann zur kaffeefreien oder milchfreien Woche übergehen. Anders gesagt: Sie können die Minus-1-Diät an Ihren Terminplan anpassen.

Auch ist es nicht nötig, die vorgeschlagene Reihenfolge einzuhalten. Zwar hat sie einige Vorteile, aber wenn Sie lieber mit der fleischlosen oder alkoholfreien Woche als mit der zuckerfreien starten wollen, ist das kein Problem.

Falls Sie ohnehin kein Fleisch essen und/oder keinen Alkohol trinken sollten, fallen die entsprechenden Wochen natürlich für Sie aus. Die Diät verkürzt sich dann entsprechend um diese Wochen.

Leichter und freier werden in drei Schritten

Drei einfache Schritte unterstützen Sie dabei, Ihre Achtsamkeit beim Essen zu schärfen, Übergewicht abzubauen und herauszufinden, mit welcher Art von Ernährung und Lebensweise Sie sich am wohlsten fühlen.

- **Schritt 1** kennen Sie schon: Verzichten Sie immer nur *eine* Woche lang auf *ein* Nahrungs- oder Genussmittel – beispielsweise auf Zucker, Alkohol oder Milchprodukte.
- **Schritt 2** Während Sie gezielt eine Substanz eine Woche lang von Ihrem Speiseplan streichen, sollten Sie sich genau beobachten. Wie fühlt sich das an? Was verändert sich? Notieren Sie Ihre Erfahrungen in das Minus-1-Tagebuch (siehe Seite 20f).
- **Schritt 3** Am Ende jeder Woche ziehen Sie Bilanz. Wie ging es Ihnen in der Woche ohne Zucker, Fast Food oder Fleisch? Treffen Sie anschließend eine Entscheidung und beginnen Sie dann mit der nächsten Minus-1-Woche.

Der wichtigste Tipp für den ersten Schritt Bleiben Sie konsequent. Machen Sie keine Ausnahmen. Der kurzzeitige Verzicht auf eine Substanz wie Zucker, Weißmehl oder Fast Food ist nur auf den ersten Blick eine Einschränkung. Die Herausforderung ist nicht so groß, wie es scheint. Wenn es Ihnen gelingt, sie zu bewältigen, werden Sie sich schnell wohler und freier fühlen. Gleichzeitig trainieren Sie Ihre Willenskraft dabei auf sanfte Weise.

Der wichtigste Tipp für Schritt 2 Schauen Sie genau hin. Beobachten Sie Ihren Körper, Ihre Gefühle, Stimmungen und Gedanken. Finden Sie heraus, ob Ihnen etwas fehlt (beispielsweise Süßigkeiten) und was passiert, wenn Sie nicht auf den vermeintlichen Mangel reagieren (also einfach keine Süßigkeiten essen). Nutzen Sie dazu das Minus-1-Tagebuch, das Sie ab Seite 20 finden.

Die wichtigsten Tipps für den dritten Schritt Treffen Sie am Ende jeder Minus-1-Woche eine klare Entscheidung. Es muss keine großartige Entscheidung sein, aber sie sollte eindeutig formuliert sein. Nach der fleischlosen Woche könnte Ihre Erfahrung beispielsweise zu der Entscheidung führen, dass Sie in Zukunft weniger oder gar kein Fleisch mehr essen wollen. Es könnte aber auch sein, dass Sie gemerkt haben, dass vegetarische Kost nichts für Sie ist. Nach der Woche ohne Zucker könnten Sie sich beispielsweise dafür entscheiden, in den nächsten drei Monaten auf Süßigkeiten zu verzichten. Oder dafür, nur noch einmal in der Woche ein Stück Schokolade zu essen.
Wie Sie sehen, gibt es sehr viele Wege. Entscheiden Sie sich im Zweifelsfall jedoch lieber für kleine Veränderungen, da es sonst schwer wird, Ihrer Entscheidung treu zu bleiben. Vor allem aber entscheiden Sie sich am besten so, dass es Sie überhaupt keine Mühe kostet, da sich die Veränderung gut anfühlt.
Wenn Sie die acht Wochen der Minus-1-Diät beendet haben, gibt es verschiedene Möglichkeiten, weiterzumachen. Beispielsweise können Sie zwischendurch immer wieder einmal eine zuckerfreie, eine milchfreie, vegetarische oder alkoholfreie Woche einlegen und Ihre Beobachtungen weiter vertiefen. Oder aber Sie führen den 8-Wochen-Zyklus zwei- oder dreimal im Jahr durch.

Das Minus-1-Tagebuch

Wir raten Ihnen, während der Minus-1-Diät ein Tagebuch zu führen. Dadurch fällt es Ihnen leichter, Ihre Aufmerksamkeit immer wieder auf das Wesentliche zu lenken und bewusster wahrzunehmen, was passiert, wenn Sie auf bestimmte Substanzen verzichten. Außerdem

Mein Tagebuch zur Minus-1-Diät

In der Woche vom _____ bis _____ werde ich auf _____ verzichten.

_____
(Unterschrift)

* hier können Sie nun ein Lebensmittel oder eine Tätigkeit Ihrer Wahl eintragen, auf die Sie eine Woche lang verzichten möchten.

Welche Veränderungen fallen mir auf?

Achten Sie auf alle körperlichen und seelischen Signale und tragen Sie für jeden Tag ein, was zutrifft.

+ trifft völlig zu   o keine Veränderung   − trifft nicht zu

	Ich fühle mich…	1. Tag	2. Tag	3. Tag	4. Tag	5. Tag	6. Tag	7. Tag	Fazit
Energie	stärker								
	wacher								
	aktiver								
Körper	fitter								
	beweglicher								
	gesünder								
Psyche	glücklicher								
	gelassener								
	befreiter								
	Tagesbewertung								

Die Bilanz am Ende der Woche

Vorübergehend völlig auf Zusatzstoffe zu verzichten
- ⬜ tat mir sehr gut
- ⬜ war eher gut als schlecht für mich
- ⬜ hat keine spürbare Veränderung bewirkt
- ⬜ war eher eine negative Erfahrung für mich
- ⬜ hat mir nicht gutgetan

Körpergewicht vor und nach der Minus-1-Woche
Anfang ⬜ kg   Ende ⬜ kg   Differenz ⬜ kg

Welche Verführungen waren in dieser Woche am größten?
_____
_____
_____
_____

Welche Erfahrungen waren besonders positiv?
_____
_____
_____
_____

Weitere Bemerkungen und Beobachtungen
_____
_____
_____
_____

schenkt Ihnen das Tagebuch an jedem Abend etwas Zeit, sich mit sich selbst und Ihren Erlebnissen und Erfahrungen zu beschäftigen.

Auf den vorherigen Seiten finden Sie den Vordruck für das Minus-1-Tagebuch, den Sie beliebig oft kopieren können. Sie können sich das Formblatt jedoch auch im Internet herunterladen:

http://www.villavitalia.de/minus1_tagebuch

Wie Sie sehen, ist es gar nicht nötig, für Ihr Tagebuch lange Abhandlungen zu schreiben oder viel Zeit zu investieren. Schon ein paar Notizen genügen, um sich bewusst zu machen, was sich verändert. Achten Sie vor allem darauf, wie Sie sich während der jeweiligen Woche fühlen – nicht nur körperlich, sondern auch emotional. Haben Sie mehr oder weniger Energie?

Wenn Sie möchten, können Sie sich für besondere Beobachtungen oder Erfahrungen natürlich auch mehr Platz nehmen, indem Sie beispielsweise eine zusätzliche Seite an Ihren Vordruck heften. Erfahrungsgemäß ist es später sehr hilfreich, wenn Sie noch einmal nachlesen können, wie es Ihnen z.B. in der Woche ohne Zucker, Kaffee oder Fleisch ergangen ist.

1. Woche

Eine Woche ohne Zucker

In dieser Woche verzichten Sie auf Zucker und Süßigkeiten. Erfahrungsgemäß bildet die zuckerfreie Woche innerhalb der Minus-1-Diät eine besondere Herausforderung, denn Zucker ist in unserer Gesellschaft allgegenwärtig. Mit Produkten wie Schokolade, Konfekt, Keksen, Bonbons, Speiseeis, Schokoriegeln & Co. lässt sich sehr viel Geld verdienen. Entsprechend intensiv werden diese Genussmittel beworben. In den Supermärkten sorgen Regale voller künstlicher gesüßter Nahrungsmittel wie Limonaden, Fruchtjoghurts, Desserts, Süßgebäck, Marmeladen oder Schokoaufstriche für ein ständiges Überangebot an Süßem. Heute liegt der durchschnittliche Pro-Kopf-Verbrauch an Industriezucker in Deutschland bei über 45 Kilo pro Jahr.

In der zuckerfreien Woche entziehen Sie sich der Zuckerfalle einmal ganz bewusst. Beobachten Sie genau, was sich verändert, nicht nur was Ihr Gewicht, sondern auch was Ihr Lebensgefühl betrifft. Möglicherweise bemerken Sie anfangs leichte Entzugssymptome wie Schlappheit oder Kopfschmerzen, doch werden Sie sich sehr wahrscheinlich schon nach zwei bis drei Tagen wesentlich wohler und vitaler fühlen. Solange braucht der Körper nämlich, bis er sich umgestellt hat.

Das ist jedoch bei jedem anders; achten Sie daher einfach auf Ihre körperlichen und seelischen Reaktionen auf den Zuckerentzug.

Um einem häufigen Missverständnis vorzubeugen: Die zuckerfreie Woche ist keine kohlenhydratfreie oder »Low-Carb«-Woche. Es geht nicht darum, Nahrungsmittel, die von Natur aus Zucker enthalten, auszuklammern. Die Fruktose im Obst, die Laktose in der Milch oder die Kohlenhydrate, die in Vollkornbrot oder Reis von Natur aus enthalten sind, sind kein Problem. In der zuckerfreien Woche geht es ausschließlich darum, industriell hergestellten (also raffinierten) Zucker zu vermeiden. In erster Linie ist das Saccharose, also unser weißer Haushalts- oder Kristallzucker, aber auch Glukosesirup, Dextrose oder andere Zuckersorten. Wohlgemerkt: Teilweise können diese Zuckersorten auch in natürlichen Lebensmitteln vorkommen – doch erst wenn sie Nahrungsmitteln künstlich zugesetzt werden, sollten Sie auf sie verzichten. (Ein einfaches Beispiel: Trauben sind erlaubt, obwohl sie Dextrose enthalten. Auf Traubenzuckerprodukte sollten Sie hingegen diese Woche verzichten.)

Da es in dieser Woche u.a. darum geht, Ihren Geschmackssinn zu sensibilisieren, sollten Sie auch auf alternative Süßmittel wie Honig, Ahornsirup oder Agavensaft verzichten – ebenso auf alle künstlichen Süßstoffe.

Auf der nächsten Seite finden Sie die Weglassliste für diese Woche und im Anschluss viele bekömmliche Rezepte ohne Zucker.

Zucker: Die Weglassliste

Verzichten Sie diese Woche auf Industriezucker, Süßstoffe, Zuckeraustauschstoffe und möglichst auch auf gesunde Zuckeralternativen. Meiden Sie

- Haushaltszucker, Raffinade, Kristallzucker, Puderzucker, Kandiszucker, Würfelzucker, braunen Zucker, Rohrzucker, Vollrohrzucker, Vanillinzucker usw.
- alle Zuckerarten, sofern diese Nahrungsmitteln oder Getränken in größeren Mengen zugesetzt wurden, vor allem Saccharose, Dextrose, Glukose, Laktose, Maltose, Maltodextrin, Invertzucker, Glukosesirup.
- Zuckeralternativen wie Honig, Ahornsirup, Melasse, Apfel- oder Birnendicksaft, Rübensirup, Agavendicksaft.
- Süßigkeiten und Desserts: Bonbons, Frucht- und Weingummi, Gummibärchen, Schokolade, Pralinen, Schokoriegel, Kekse, Lakritz, Fruchteis, Milcheis, Kaugummi, Marzipan, Fruchtschnitten, Pudding, Kuchen, Torten, Waffeln, Strudel, Crêpes, Süßspeisen aus Quark, Joghurt, Obst oder Früchten, Götterspeise.
- zuckerhaltige Obstkonserven, Salatsaucen, Cornflakes, Frühstücks-Pops, Fertigmüslis, Ketchups, Marmeladen, Gelees, Kompotte, Nuss-Nougat-Cremes.
- gesüßte Getränke wie Smoothies, Limonaden, Cola-Getränke, Fruchtsaftgetränke, Fruchtnektare, Multivitaminsäfte, süße Biere (Malzbier, Altbier, Radler …), Liköre, Süß- und Likörweine, süße Schaumweine, Federweißen, Glühwein, Cocktails, Longdrinks, Instant-Tees, Eistees, Eiskaffee, Kakao, gesüßte Molke- und Joghurt-Drinks.
- künstliche Süßstoffe: Acesulfam, Aspartam, Cyclamat, Saccharin und Suralose.
- Zuckeraustauschstoffe wie Sorbit, Mannit, Isomalt, Maltit, Lactit oder Xylit.

Frühstück

Bircher Müsli (1 Portion)

4 EL kernige Haferflocken | 1 EL Rosinen | 100 ml Milch | 15 g Sahne | ½ Apfel | ½ Banane | 1 TL Zitronensaft | 1 kleine Apfelsine | 1 EL gehackte Haselnüsse | 1 Prise Zimt

Die Haferflocken mit den Rosinen in eine Müslischüssel geben und mit 50 Milliliter kochendem Wasser übergießen, sodass alles knapp mit Wasser bedeckt ist. Dann die Mischung 10 bis 15 Minuten quellen lassen. Alternativ kann man die Mischung auch über Nacht mit etwas mehr Milch und der Sahne ziehen lassen. So braucht man kein Wasser, und das Frühstück ist kälter.

In der Zwischenzeit den Apfel grob reiben, die Banane längs halbieren und in Scheiben schneiden. Beides mit dem Saft der Zitrone vermischen, damit das Obst nicht braun wird.

Die Apfelsine schälen, in die einzelnen Abschnitte teilen und in Stücke schneiden. Das Obst mit den Nüssen und etwas Zimt vermischen und zur Haferflockenmischung geben. Mit Milch und Sahne übergießen und gründlich durchrühren.

Zubereitungszeit etwa 20 Minuten

Frühstück

Herzhafter French Toast mit Käse (1 Portion)

1 Ei | 2 EL Milch | Salz | 1 Prise Cayennepfeffer | 1 Prise Paprikapulver | 1 Messerspitze Thymian | 2 Scheiben Vollkorntoastbrot | 1 EL Öl | 1 Scheibe italienischer Schinken | 1 Scheibe Goudakäse | 1-2 Tomaten | einige Blätter frisches Basilikum

Das Ei in einer flachen Schüssel mit der Milch, dem Salz und den Gewürzen verquirlen. Die Toastscheiben in die Mischung legen, bis sie sich vollständig vollgesaugt haben.

Das Öl in einer Pfanne erhitzen. Die Toastscheiben zunächst von einer Seite bei mäßiger Hitze goldbraun braten. Dann eine Toastscheibe wenden, mit Schinken und Käse belegen und die zweite Toastscheibe mit der fertig gebratenen Seite darauflegen. Den Toast braten, bis die Unterseite goldbraun ist, dann den gesamten Toast umdrehen und fertig braten, sodass der Käse im Inneren zerläuft.

Den Toast mit aufgeschnittener Tomate anrichten und mit Basilikum bestreuen.

Zubereitungszeit etwa 30 Minuten

Frühstück

Champignonomelett mit Schafskäse (1 Portion)

½ Zwiebel | 50 g Champignons | 1 EL Öl | etwas Zitronensaft | 2 Eier | ½ Bund Petersilie | 30 g Schafskäse

Die Zwiebel abziehen, fein würfeln. Die Champignons putzen und in Scheiben schneiden.

Die Zwiebelwürfel in der Pfanne mit etwas Öl anschwitzen, dann die Champignons mitbraten. Die fertig gebratenen Champignons mit Zitronensaft beträufeln und warm stellen.

Die Eier in einer kleinen Schüssel verquirlen und mit etwas Öl in der Pfanne bei mäßiger Hitze von einer Seite braten, bis auch die Oberseite gestockt ist. Das Omelett nicht zu lange braten, sonst wird es trocken.

Die Petersilie hacken und den Schafskäse in kleine Würfel schneiden. Das Omelett mit Champignons und Schafskäse füllen, mit reichlich Petersilie bestreuen und sofort servieren.

Zubereitungszeit etwa 25 Minuten

Frühstück

Apfel-Karotten-Frühstück
mit geröstetem Walnussbrot (1 Portion)

1 großer Apfel | 1 große Karotte | 1 EL Zitronensaft | 1 TL Öl | 1 TL Butter | 2 kleine Scheiben Walnussbrot

Den Apfel und die Karotte schälen und grob raspeln, mit Zitronensaft vermischen und etwas Öl darübergeben.

Die Butter in einer Pfanne erhitzen, das Walnussbrot von beiden Seiten knusprig anbraten und warm dazu reichen.

Zubereitungszeit etwa 20 Minuten

Alle Rezepte dieser Woche sind »zuckerfrei«. Im Sinne der Minus-1-Diät können Sie guten Gewissens zugreifen. Wenn Sie jedoch ganz genau hinsehen, werden Sie beim Einkauf einiger Zutaten wie Toast, Schinken oder Knäckebrot auf der Zutatenliste entdecken, dass die Produkte kleine Mengen Zucker enthalten. Wenn Sie es ganz genau nehmen wollen, können Sie jeweils nach absolut zuckerfreien Produkten suchen, auch wenn diese nicht immer leicht zu finden sind. Am ehesten werden Sie im Naturkostladen und Reformhaus fündig werden. Vermeiden Sie aber auf jeden Fall Nahrungsmittel, bei denen mehr als 5 % Zucker zugesetzt sind. Die genauen Angaben finden Sie im Kleingedruckten auf den Produktverpackungen.

Frühstück

Ei im Glas mit
gekochter Kartoffel (1 Portion)

1–2 Eier | 1 mehlige Kartoffel | 1 TL Butter | Salz | Pfeffer | 1 TL Schnittlauch-röllchen

Die Eier 6 Minuten kochen, so dass der Dotter flüssig bleibt.

Die Kartoffel ca. 40 Minuten in der Schale kochen, schälen und mit einer Küchenreibe oder Kartoffelpresse in ein mittelgroßes Glas reiben bzw. pressen. Die Butter darüber zerlassen.

Die Eier abschrecken, pellen und zu der Kartoffel geben. Die Eier dabei zerteilen, sodass der Dotter über der Kartoffel zerläuft. Das Ganze salzen, pfeffern und mit Schnittlauch bestreuen.

Zubereitungszeit etwa 20 Minuten

TIPP *Man kann auch eine Kartoffel vom Vortag nehmen, dann sollte die Butter vor dem Darübergeben allerdings geschmolzen werden.*

Hauptgericht

Frischkäse mit Cashewnüssen (2 Portionen)

2 EL Frischkäse | 1 EL Milch | 1 EL Mayonnaise (zuckerfrei oder selbst gemacht) | 1 EL Rosinen | 2 EL Cashewnüsse, geröstet und gesalzen | 4 Scheiben Vollkorn-Knäckebrot | etwas Kresse

Den Frischkäse, die Milch und die Mayonnaise in eine Schüssel geben und zu einer streichfähigen Masse verrühren. Die Rosinen und die Cashewnüsse fein hacken und unterheben. Auf den Knäckebrotscheiben verteilen und mit Kresse bestreuen.

Zubereitungszeit etwa 15 Minuten

Hauptgericht

Bananen-Blaubeersmoothie (1 Portion, Foto)

1 Banane | 100 g Blaubeeren (frisch oder TK) | 100 g griechischer Joghurt, 10 % Fett | Mark von ¼ Vanilleschote | 2 EL Milch | einige Minzblätter

Die Banane schälen und grob zerteilen. Mit den Blaubeeren, dem Joghurt, dem Vanillemark und der Milch in einen Mixer geben oder mit einem Pürierstab pürieren. Mit einigen Minzblättern garnieren und genießen.

Zubereitungszeit etwa 10 Minuten

Hauptgericht

Spinat-Dinkel-Auflauf (2 Portionen)

150 g Blattspinat (TK) | 1 große Karotte | 1 Petersilienwurzel | ½ Zwiebel | 1 EL Öl | 30 g rohe Schinkenwürfel | 1 TL gekörnte Brühe | 2 EL Sahne | 50 g vorgegarter Dinkel | Salz | roter Pfeffer | 3–4 EL geriebener Parmesan

Den Blattspinat auftauen lassen. Die Karotte und die Petersilienwurzel schälen und grob raspeln.

Die Zwiebel abziehen, fein würfeln und in einer Pfanne mit etwas Öl glasig dünsten. Das übrige Gemüse und den rohen Schinken einige Minuten mitbraten, mit Brühe würzen und die Sahne dazugeben.

Das Gemüse mit geschlossenem Deckel ca. 5 Minuten bissfest garen. Dann den vorgegarten Dinkel untermischen und mit Salz und rotem Pfeffer abschmecken.

Den Backofen auf 200 °C vorheizen.

Mit reichlich geriebenem Parmesan in einer gefetteten Auflaufform 10 bis 15 Minuten überbacken, bis er goldbraun ist.

Zubereitungszeit etwa 45 Minuten

Hauptgericht

Schnelles Chinakohlgemüse (1 Portion)

200 g Chinakohl | 2 Lauchzwiebeln | 50 g gemischtes Hackfleisch | 1 EL Öl | 2 EL Gemüsebrühe | 2 EL Schmand | Salz | Pfeffer | 1 Prise Cayennepfeffer | 1 Messerspitze Currypulver | etwas frische Petersilie

Den Chinakohl putzen, waschen und in feine Streifen schneiden. Die Lauchzwiebeln ebenfalls putzen, waschen und in feine Ringe schneiden.

Das Hackfleisch in Öl anbraten. Dann den Kohl und die Lauchzwiebeln zum Fleisch geben und kurz mitbraten. Mit der Brühe ablöschen und den Schmand zugeben.

Etwa 10 Minuten mit geschlossenem Deckel köcheln lassen. Mit Salz, Pfeffer, Cayennepfeffer und Currypulver abschmecken. Die Petersilie waschen, trockenschütteln und hacken. Den Topf vom Herd nehmen und die frische Petersilie untermischen.

Dazu passen Salzkartoffeln oder Reis.

Zubereitungszeit etwa 20 Minuten

Hauptgericht

Risotto mit Kopfsalat und Morcheln
(1 Portion)

50 g frische Pilze (z. B. Morcheln) | 3 TL Olivenöl | Meersalz | Pfeffer | 1 kleiner Kopfsalat (etwa 300 g) | 300 ml Gemüsebrühe | ½ kleine Zwiebel | 50 g Risotto-Reis | 25 g Pecorino-Käse

Die Pilze putzen und die größeren halbieren. In heißem Öl 3 Minuten braten und mit Salz und Pfeffer würzen.

Kopfsalat in einzelne Blätter teilen, abspülen, trockenschütteln und die dicken Blattrippen herausschneiden. Die Salatblätter in 100 Milliliter Gemüsebrühe etwa 1 Minute dünsten und danach zusammen mit der Brühe in einem hohen Gefäß mit dem Stabmixer pürieren und mit Salz und Pfeffer würzen.

Die restliche Gemüsebrühe aufkochen. Die Zwiebel abziehen, fein hacken und in Öl hellgelb dünsten. Den trockenen Reis zugeben und unter Rühren 2 bis 3 Minuten dünsten. Eine Kelle kochend heiße Gemüsebrühe zugeben und so lange rühren, bis die Flüssigkeit ganz aufgesaugt ist. Die Brühe kellenweise so immer wieder zugeben und umrühren, bis der Reis weich ist.

Den Pecorino-Käse fein hobeln und unter den Risotto rühren. Das Salatpüree und die gebratenen Pilze unter den Risotto rühren. Den Risotto mit Salz und Pfeffer abschmecken.

Zubereitungszeit etwa 50 Minuten

Hauptgericht

Apfel-Ingwerspaghetti (1 Portion)

¼ Lauch | 1 breites Stück Ingwer (2–3 cm breit) | 1 Apfel | ½ kleiner Zucchini | 1 Knoblauchzehe | 1 EL Öl | weißer Balsamicoessig | Salz | Pfeffer | 1 TL getrocknetes Basilikum | 100 g Vollkornspaghetti

Den Lauch waschen, in Streifen schneiden. Den Ingwer schälen und in feine Streifen schneiden. Den Apfel schälen und halbieren, das Gehäuse entfernen und das Fruchtfleisch in feine Scheiben schneiden. Die Zucchini waschen und ebenfalls in feine Scheiben schneiden. Den Knoblauch abziehen und fein hacken.

Das Öl in einem Topf erhitzen und alle vorbereiteten Zutaten bei mittlerer Hitze einige Minuten dünsten. Mit Essig, Salz, Pfeffer und Basilikum abschmecken.

In der Zwischenzeit die Vollkornspaghetti nach Packungsanleitung kochen und dann mit der Apfel-Ingwersauce anrichten.

Zubereitungszeit etwa 20 Minuten

Hauptgericht

Mediterrane Hähnchenrouladen (1 Portion)

2 kleine dünne Hähnchenschnitzel | Salz | Pfeffer | ½ TL getrockneter Rosmarin | 30 g Mozzarella | 4 getrocknete Tomaten, in Öl eingelegt | Holzspieße zum Fixieren | 150 g Bandnudeln | 1 EL Olivenöl | 100 ml Hühnerbrühe | 1 TL Mehl

Die Hähnchenschnitzel mit Salz, Pfeffer und Rosmarin würzen. Den Mozzarella in dünne Scheiben schneiden und die Hähnchenschnitzel mit Tomaten und Mozzarella belegen. Danach die Schnitzel aufrollen und mit den Holzspießen zusammenstecken.

Die Nudeln nach Packungsanweisung kochen.

Etwas Öl in einer kleinen Edelstahlpfanne erhitzen und die Rouladen darin von allen Seiten einige Minuten braten. Die Hühnerbrühe angießen und die Rouladen 10 Minuten mit geschlossenem Deckel bei mittlerer Hitze schmoren lassen, dabei gelegentlich wenden. Die Hähnchenrouladen aus der Pfanne nehmen.

Die entstandene Sauce mit etwas Mehl andicken, mit Salz und Pfeffer abschmecken und mit den Nudeln zu den Rouladen reichen.

Zubereitungszeit etwa 40 Minuten

Hauptgericht

Zucchini mit Fleischfüllung und Bacon (1 Portion)

1 Zucchini | ½ Zwiebel | ½ kleine gelbe Paprikaschote (gelb) | etwas frische Petersilie | 1 grobe Bratwurst | 1 Messerspitze Anissamen | Fett für die Form | 2 Scheiben Frühstücksspeck | 50 ml Gemüsebrühe

Den Backofen auf 200 °C vorheizen.

Zucchini waschen und der Länge nach halbieren. Das kernige Fruchtfleisch mit einem Teelöffel herausschaben. Die Zwiebel abziehen und fein würfeln. Die Paprikaschote waschen und in kleine Würfel schneiden. Petersilie abspülen, trockenschütteln und die abgezupften Blätter fein hacken.

Das Bratwurstbrät aus der Haut drücken.

Das Brät mit Zwiebel- und Paprikawürfeln, gehackter Petersilie und Anis verkneten. Die Zucchinihälften mit der Masse füllen und nebeneinander in eine gefettete ofenfeste Form setzen. Die Zucchinihälften mit Speck belegen, die Brühe in die Form gießen und im Backofen etwa 25 Minuten bei 200 °C backen.

Zubereitungszeit etwa 50 Minuten

Hauptgericht

Gefüllte Tomaten mit Schinken und Parmesan (1 Portion)

2 Scheiben Schwarzwälder Schinken | ½ Knoblauchzehe | 20 g Parmesan | 2 Stängel glatte Petersilie | 1 EL Semmelbrösel | Pfeffer | Salz | 2 große Tomaten | 1 EL Olivenöl

Den Schinken in feine Streifen schneiden. Den Knoblauch abziehen und fein hacken. Den Schinken und den Knoblauch in einer beschichteten Pfanne bei kleiner Hitze knusprig braten und in der Pfanne abkühlen lassen.

Den Parmesan reiben, die Petersilie hacken und mit den Semmelbröseln zusammen zu dem Schinken geben. Mit Pfeffer und Salz würzen.

Den Backofen auf 200 °C vorheizen.

Die Tomaten waschen und die unteren Deckel abschneiden, die Deckel würfeln und zum Schinken geben. Die Tomaten mit einem Teelöffel aushöhlen; das Fruchtfleisch ebenfalls zur Schinken-Käse-Mischung geben und damit die Tomaten füllen. Die Tomaten in eine ofenfeste Form setzen, mit Olivenöl beträufeln. Im vorgeheizten Backofen auf 200 °C etwa 10 Minuten überbacken.

Zubereitungszeit etwa 40 Minuten

Kleines Gericht

Pellkartoffeln mit Dips (2 Portionen)

Pellkartoffeln: 4 große festkochende Kartoffeln | **Lachs-Dip:** 50 g Räucherlachs | 100 g Schmand | 1 TL Zitronensaft | 1 Prise Salz | weißer Pfeffer | ¼ Beet Kresse | **Käse-Dip:** etwas frischer Schnittlauch | 40 g Blauschimmelkäse | 3 EL Schmand

Die ungeschälten Kartoffeln in einen Topf geben, knapp mit Wasser bedecken und 40 Minuten gar kochen lassen. Den Lachs klein schneiden. Den Schmand, den Zitronensaft, Salz und Pfeffer verrühren. Lachs und abgeschnittene Kresse unterrühren. Den Schnittlauch abspülen, trockenschütteln und in Röllchen schneiden. Den Blauschimmelkäse mit dem Schmand pürieren und den Schnittlauch untermischen. Anschließend pellen und mit den Dips servieren.

Zubereitungszeit etwa 60 Minuten

Krabbenschmand auf Brot (2 Portionen)

2 EL Mini-Krabben, gegart | ½ Becher Schmand | 1 TL Kräutersalz | 2 Scheiben Pumpernickel | etwas frischer Rosmarin

Die Krabben mit dem Schmand mischen und mit dem Kräutersalz würzen. Auf dem Pumpernickel verteilen und mit einem kleinen Rosmarinzweig garnieren.

Zubereitungszeit etwa 10 Minuten

Kleines Gericht

Lachssuppe mit Lauch und Kartoffeln (2 Portionen)

1½ Zwiebeln | ½ Stange Lauch | 3 kleine Kartoffeln | 12 g Butter | 50 ml trockener Weißwein | 100 ml Fischfond | 125 ml Gemüsebrühe | 200 g Lachsfilet | Salz | ½ EL gehackter Dill

Die Zwiebeln abziehen, längs in Streifen schneiden. Den Lauch längs halbieren, putzen, waschen und in 1 Zentimeter breite Stücke schneiden. Die Kartoffeln schälen und in dünne Scheibchen hobeln.

Die Zwiebelwürfel in der Butter andünsten und mit dem Weißwein ablöschen. Lauch und Kartoffeln hinzufügen. Danach den Fond und die Brühe angießen. Alles 15 Minuten leise köcheln lassen.

Das Lachsfilet in etwa 2 cm große Würfel schneiden und hinzufügen. Die Suppe weitere 5 Minuten ziehen lassen und mit Salz und Dill abschmecken.

Zubereitungszeit etwa 30 Minuten

Kleines Gericht

Tomatencrostini (1 Portion)

¼ Baguette | 5 getrocknete Tomaten in Öl | 1 TL Tomatenmark | 8 Cherrytomaten | Salz | 2 EL Olivenöl | 1 TL getrockneter Thymian | frisches Basilikum | 25 g gehobelter Parmesan

Den Backofen auf 120 °C vorheizen.

Das Baguette in Scheiben schneiden, die in den Toaster passen, und goldbraun toasten.

Die Tomaten abgießen und das Öl auffangen. Die Tomaten mit 1 Esslöffel des Öls und etwas Tomatenmark fein pürieren. Die Cherrytomaten waschen, halbieren und mit der Schnittfläche nach oben auf ein mit Backpapier belegtes Backblech legen. Mit Salz, Olivenöl und Thymian bestreuen und 30 bis 40 Minuten im Ofen trocknen lassen.

Die getoasteten Brotscheiben mit der Tomatencreme bestreichen, mit Ofentomaten und Basilikum belegen und mit etwas Parmesan bestreuen.

Zubereitungszeit etwa 60 Minuten

Kleines Gericht

Bayerischer Obatzda (2 Portionen)

100 g Tortenbrie | 15 g Butter | 1 EL Zwiebeln, sehr fein gewürfelt | 1 EL Sauerrahm | ½ TL Paprikapulver, scharf | 1 TL Paprikapulver, edelsüß | 1 Messerspitze Pfeffer, schwarz, frisch gemahlen | Messerspitze Kümmel, gemahlen | ⅛ TL Meersalz | ¼ TL Senf, mittelscharf | 5 ml Bier, Helles oder Weizenbier

Brie aus dem Kühlschrank nehmen, die Rinde weitestgehend abschneiden und den Käse in grobe Stücke schneiden. Alle Zutaten auf Raumtemperatur aufwärmen lassen, in eine flache Schüssel geben, mit einer Gabel zerdrücken und vermengen.

Den Obatzden 60 Minuten kühl stellen.

TIPP *Dazu passen 2 Brezen*

Zubereitungszeit etwa 2 Stunden (davon 60 Minuten Kühlzeit)

Kleines Gericht

Rotkrautsalat mit gerösteten Kürbiskernen (1 Portion)

⅛ Rotkrautkopf | 1 EL Kürbiskernöl von sehr guter Qualität | 1 EL Apfelessig | 1 EL grobkörniger Senf | 1 TL Kräutersalz | frisch gemahlener Pfeffer | 2 EL geschälte Kürbiskerne

Vom Rotkrautkopf die äußeren Blätter entfernen, den Kopf achteln, Strunk entfernen und das Achtel des Kohls sehr fein mit dem Messer oder der Aufschnittmaschine schneiden.

Marinade aus Kürbiskernöl, Apfelessig, grobkörnigem Senf, Salz und Pfeffer herstellen und mit dem Rotkraut vermischen. Idealerweise über Nacht im Kühlschrank ziehen lassen.

Kürbiskerne grob hacken, ohne Fett in einer Pfanne rösten, bis sie duften, und noch warm mit dem Rotkraut vermischen. Etwas von den Kürbiskernen zurückbehalten und am Schluss über den Salat streuen.

Tipp Dazu passt eine Scheibe Bauernbrot mit Butter.

Zubereitungszeit etwa 20 Minuten

Kleines Gericht

Salat mit Kräuterrolle (1 Portion)

Teig der Kräuterrolle: 2 EL Mehl | 4 EL Milch | 1 Ei | 1 EL flüssige Butter | Salz | frisch gemahlener Pfeffer | frisch geriebene Muskatnuss | Öl zum Braten
Füllung: 1 TL Magerquark | 1 TL Ziegenfrischkäse | 1 TL Schlagsahne | 1 EL frisch gehackte Kräuter, z. B. Basilikum, Schnittlauch, Kerbel, Kresse | Salz | Pfeffer
Salat: einige Kopfsalatblätter | 1 TL Weißweinessig | Salz | Pfeffer | 1 TL Öl | 1 TL Nussöl oder Kürbiskernöl

Die Zutaten für den Teig miteinander zu einem glatten Pfannkuchenteig verrühren und 15 Minuten quellen lassen. Etwas Öl in einer großen Pfanne erhitzen. Darin den Teig gleichmäßig verteilen und goldbraun braten. Vorsichtig wenden und auch die zweite Seite bräunen. Den Pfannkuchen auf ein Tuch stürzen und abkühlen lassen.

Den Quark mit Ziegenkäse glatt rühren und die Sahne sowie die gehackten Kräuter untermischen. Mit Salz und Pfeffer herzhaft abschmecken. Die Quarkcreme gleichmäßig auf den Pfannkuchen streichen, diesen aufrollen und in Folie einwickeln. Etwa 60 Minuten in den Kühlschrank legen. Man kann die Kräuterrolle auch schon einen Tag vorher zubereiten, dann schmeckt sie sogar noch besser.

Die Kopfsalatblätter waschen, abtropfen lassen und zerkleinern. Essig, Salz, Pfeffer und Öle zu einer Salatsauce mixen. Den Salat mit der Vinaigrette anmachen und auf einem Teller anrichten. Die gefüllte Rolle in schräge, etwa 1½ Zentimeter dicke Scheiben schneiden und auf dem Salat anrichten.

Zubereitungszeit etwa 60 Minuten (plus 60 Minuten Kühlzeit)

2. Woche

Eine Woche ohne Fast Food und Snacks

In dieser Woche der Minus-1-Diät verzichten Sie auf jede Form von Fast Food und Snacks sowie auf Zwischenmahlzeiten aller Art. Beschränken Sie sich einzig auf die drei Hauptmahlzeiten Frühstück, Mittag- und Abendessen.

Statt nebenbei auf die Schnelle zu essen, sollten Sie versuchen, dreimal täglich möglichst achtsam zu essen. Das bedeutet natürlich auch, dass Sie sich genug Zeit für Ihre Hauptmahlzeiten nehmen sollten. Folgen Sie der Devise: Weniger ist mehr. Wer zu oft isst, der isst nämlich meist auch zu viel. Hinzu kommt, dass Snacks und Fast Food meist wahre Kalorienbomben mit einem hohen Anteil an Fett, Zucker, Weißmehl und Zusatzstoffen sind.

Widerstehen Sie eine Woche lang der Versuchung, die von Burger- und Pizzaketten, Pommesbuden und Bäckereien mit reichhaltigen Sandwichangeboten ausgeht. Machen Sie einen großen Bogen um Verkaufsstände, an denen Essen im Stehen oder zum Mitnehmen angeboten wird. Durchbrechen Sie außerdem die Gewohnheit, während der Arbeit, beim Autofahren oder vor dem Com-

Fast Food & Snacks: Die Weglassliste

Zu den Nahrungsmitteln, die Sie diese Woche strikt vermeiden sollten, gehören:

- Hamburger in allen Varianten
- Pizza und Pizzabaguette
- Grillhähnchen, Bratwürste, Currywürste, Hot Dogs, Wiener Würstchen, Bockwurst etc.
- Fischbrötchen, Fish and Chips
- Pommes frites, Kroketten
- Döner-Kebab, Frikadellen, Schnitzel im Brötchen
- Belegte Brötchen, Baguettes, Sandwiches, Kanapees
- Toasts, Bagels, Wraps
- Tapas, Fingerfood, Frühlingsrollen
- Gesalzene und/oder gewürzte Nusssnacks, Chips, Erdnussflips, Salzstangen, Salzgebäck
- Schokoriegel, Müsliriegel, Kuchen, Kekse, Muffins, Süßgebäck
- Trinkjoghurts, Joghurtsnacks
- Popcorn

puter immer wieder »Energieriegel«, Süßigkeiten oder Salzgebäck zu sich zu nehmen.

Und was ist mit gesunden Zwischenmahlzeiten? Vieles spricht dafür, dass die von der Bundesregierung propagierte Kampagne, nach der man fünfmal am Tag Obst oder Gemüse essen soll, wissenschaftlich gesehen auf tönernen Füßen steht. Keine Frage: Natürlich brauchen wir Obst und Gemüse, Vitamine und Enzyme. Aber Zwischenmahlzeiten benötigen wir dafür eben nicht. Decken Sie Ihren Vitamin-

und Frischkostbedarf lieber während der Hauptmahlzeiten und verzichten Sie auf den Griff in den Obstkorb.

Wenn Sie nicht gerade Diabetiker oder Hochleistungssportler sind, ist es kein Problem, mit drei Mahlzeiten am Tag auszukommen. Dies gilt erst recht für eine sitzende Lebensweise. Wussten Sie, dass es beispielsweise viele buddhistische Klöster gibt, in denen nur ein- bis zweimal am Tag gegessen wird?

In unserer Nonstop-Gesellschaft sind viele Menschen den ganzen Tag über damit beschäftigt, nebenher zu essen. Für dieses Verhalten, das an jenes der Wiederkäuer erinnert, wurde inzwischen sogar der Begriff »Grazing« geprägt (»Grasen«).

Wenn Sie eine Woche lang versuchen, zwischendurch auf Snacks zu verzichten, befreien Sie sich davon, immerzu mit dem Thema Essen beschäftigt zu sein. Außerdem können Sie neue Erfahrungen sammeln: Was passiert, wenn Sie nur dreimal essen? Essen Sie dann mehr? Oder freuen Sie sich mehr auf Ihre Mahlzeiten? Können Sie Ihr Essen vielleicht mehr genießen als sonst?

In dieser Woche geht es darum, herauszufinden, wie es Ihnen damit geht, wirklich nur dreimal täglich zu essen. Es könnte gut sein, dass Sie sich dabei wohler und leichter fühlen werden – doch es gibt nur einen Weg, das herauszufinden: Probieren Sie es aus!

3. Woche

Eine Woche ohne Kaffee

In dieser Woche verzichten Sie auf Kaffee, oder genauer gesagt: auf alle koffeinhaltigen Getränke und Nahrungsmittel. Auch Schwarztee und grüne Teesorten enthalten Koffein, ebenso wie fast alle sogenannten Energy-Drinks und Cola-Getränke. Weniger bekannt ist, dass sogar Schokolade Spuren von Koffein enthält.

Viele Menschen haben sich so sehr an ihre tägliche Dosis Koffein gewöhnt, dass sie gar nicht mehr spüren, wie Kaffee auf Körper und Seele wirkt. Dabei ist Koffein ein stark stimulierendes Alkaloid. Indem Sie eine Woche lang auf koffeinhaltige Substanzen verzichten, können Sie beobachten, ob und was sich dadurch bei Ihnen verändert. Dabei können die Veränderungen, die durch kurzzeitigen »Koffeinentzug« auftreten, sehr subtil, aber auch sehr deutlich spürbar sein. Beispielsweise werden Sie wahrscheinlich erkennen, wie stark Kaffee Ihre Stimmungen oder die Qualität Ihres Schlafes beeinflusst. Es kann sein, dass Sie gereizt auf Ihre Umwelt reagieren oder Kopfschmerzen vom Koffeinentzug bekommen. Vielleicht werden Sie auch staunen, dass Sie in der koffeinfreien Woche abnehmen – das passiert vor allem

Koffein: Die Weglassliste

In dieser Woche sollten Sie sowohl auf Kaffeegetränke als auch auf alle koffeinhaltigen Getränke und Speisen verzichten. Dazu gehören insbesondere:

- Kaffee, Espresso, Cappuccino, Caffè Latte, Latte Macchiato, Milchkaffee, Irish Coffee, Mokka, Instant-Kaffee, Nescafé, Nespresso usw.
- Schwarzteesorten wie Darjeeling, Earl Grey, Assam, Ceylon-Tee, Schwarzteemischungen usw.
- Grüne Teesorten wie Jasmintee, Bancha, Sencha, Chun Mee, Gunpowder, grüner Darjeeling, Chun Mee, Matcha usw.
- Aromatisierte Schwarz- und Grünteesorten
- Mate, Kakaogetränke
- Eiskaffee, Cola-Eis, Frappé, Eistee
- Koffeinhaltige Erfrischungsgetränke wie Cola und Energy-Drinks mit Zusätzen wie Koffein, Taurin oder Guarana
- Schokolade, Guaranapulver, -riegel oder -Bonbons, Scho-Ka-Kola, Tee- und Kaffeebonbons
- Alkoholische Getränke auf Kaffeebasis wie Kaluha oder Marie Brizard

Menschen, die das »Kaffee-und-Kuchen-Ritual« lieben (oder in der modernen Variante: Latte Macchiato und Muffin).

Vielleicht werden Sie auch bemerken, dass Sie durch den Verzicht auf Kaffee zunächst weniger, nach zwei oder drei Tagen dafür aber umso mehr Energie zur Verfügung haben. Oder dass Beschwerden wie Magenprobleme verschwinden. Ebenso könnte es aber auch sein, dass Sie feststellen, dass Kaffee Ihnen guttut oder dass Sie mit einer weitaus geringeren Dosis besser fahren. Vergessen Sie nicht: Jeder Mensch reagiert anders – lassen Sie sich also überraschen …

Koffeinfreie Muntermacher

»Was kann ich trinken, wenn ich keinen Kaffee trinken soll?« In der koffeinfreien Woche stellt sich diese Frage sicher früher oder später. Leider fallen die typischen Kaffeealternativen Schwarztee und Grüntee aus: Auch wenn Kaffee das Doppelte bis Dreifache an Koffein enthält wie Schwarztee oder grüne Teesorten, so sind auch Letztere alles andere als koffeinfrei.

Koffeinfreier Kaffee

Eine Möglichkeit bietet entkoffeinierter Kaffee. Mit einem Restbestand von unter 0,1 % Koffein ist die Menge vernachlässigbar klein, und die typischen Koffeinwirkungen treten nicht auf. Gesünder ist die koffeinfreie Variante jedoch nicht unbedingt: US-Wissenschaftler haben entdeckt, dass der regelmäßige Genuss von koffeinfreiem Kaffee langfristig den Spiegel bestimmter Blutfette wie LDL-Cholesterin erhöht und somit das Herz belasten kann. Doch keine Sorge: Wenn Sie eine Woche lang Ihre tägliche Dosis Kaffee durch koffeinfreien Kaffee ersetzen, haben Sie bestimmt keine negativen Wirkungen zu erwarten – eher im Gegenteil.

Getreidekaffee

Getreidekaffee – auch als Muckefuck oder Malzkaffee bezeichnet – wird aus unterschiedlichen Getreidesorten und meist unter Zugabe von Zichorienwurzel hergestellt. Mit Milch oder Milchschaum genossen, ähnelt der Geschmack dem »echten« Kaffee. Getreidekaffee enthält kein Koffein. Seinen guten Ruf hat Getreidekaffee allerdings verloren, als in ihm große Mengen an krebserregendem Acrylamid entdeckt wurden. In den letzten Jahren wurde der Acrylamidanteil im Getreidekaffee jedoch stark gesenkt, sodass die heutigen Produkte als unbedenkliche Alternative zum Röstkaffee gelten, der übrigens auch nicht frei von Acrylamid ist (da dieses beim Rösten entsteht – egal ob Kaffee oder Getreide geröstet wird).

Die Herstellung von Getreidekaffee ist einfach, wenn auch zeitaufwendig. Mischen Sie Roggen-, Dinkel- und Gerstenkörner zu gleichen Teilen. Legen Sie das Korn auf das Backblech und erhitzen Sie den Ofen auf 120 °C. Lassen Sie das Ganze einige Stunden rösten. Anschließend die Getreidemischung abkühlen lassen und in der Kaffeemühle mahlen. 1 Esslöffel von der Getreidemischung in einer großen Tasse mit kochendem Wasser übergießen und etwas Milch oder Sahne und auf Wunsch Zucker hinzufügen.

Muntermacher ohne Koffein

Im Handel gibt es heute eine ganze Palette an Kräuter- und Früchtetees in den unterschiedlichsten Geschmackssorten. Auch Rotbusch- (Rooibos-) oder Lapachotee sind koffeinfreie Alternativen zur morgendlichen Tasse Kaffee. Im Folgenden finden Sie einige Rezepte für garantiert koffeinfreie Muntermacher:

- Heiße Zitrone: 1 kleine Zitrone auspressen und den Saft mit einer großen Tasse heißem, nicht mehr kochendem Wasser übergießen. Bei Bedarf mit 1 Teelöffel Honig süßen.
- Ingwerlimonade: Den Saft von 1 Zitrone auspressen, 50 Gramm Ingwerwurzel fein hacken und beides mit 1 bis 2 Teelöffel Rohrzucker und Mineralwasser aufgießen. Mindestens 30 Minuten ziehen lassen und vor dem Genuss gut verrühren.
- Roter Früchtepunsch: 1 Beutel Glühweingewürz und 3 Beutel Früchtetee mit 1 Liter kochendem Wasser übergießen. 10 Minu-

ten ziehen lassen. Beutel entfernen und 200 Milliliter Kirschsaft sowie 1 Esslöffel Honig dazugeben und alles langsam in einem Topf erhitzen.

- Minztee mit Limette: 1 mittelgroßes Bund Minze mit den Stielen nach oben in eine Teekanne hängen und mit 1 Liter kochendem Wasser übergießen. Den Tee 10 Minuten ziehen lassen. 2 bis 3 Teelöffel Rohrzucker und die Schale von 1 unbehandelten Limette dazugeben. Heiß oder kalt servieren.
- Rotbusch-Chai: 2 Teelöffel Rotbuschtee mit 400 Milliliter Wasser überbrühen und den Tee 5 Minuten ziehen lassen. In der Zwischenzeit 100 Milliliter Milch erwärmen und 1 Messerspitze Zimt, 1 Messerspitze Kardamom, 1 Teelöffel Honig und 2 Teelöffel Vanillezucker hinzugeben. Die Milch aufschäumen und mit dem abgeseihten Rotbuschtee mischen.
- Mediterraner Energietee: 2 Beutel Hagebuttentee und 2 klein geschnittene Salbeiblätter mit 1 Liter kochendem Wasser überbrühen. 1 Esslöffel Honig und den Saft von einer ½ Zitrone hinzufügen. Heiß oder kalt servieren.
- Ginsengtee: 3 Gramm fein geschnittene Ginsengwurzel mit einer großen Tasse kochendem Wasser überbrühen. Den Tee 10 Minuten zugedeckt ziehen lassen, abseihen und nach Wunsch süßen.

4. Woche

Eine Woche ohne Milchprodukte

»Die Milch macht's!« Das jedenfalls behauptet die Werbung. Aber was? Was macht die Milch denn? Macht sie dick? Macht sie Allergien? Oder macht sie vielmehr groß und stark? Wir schlagen Ihnen vor, das für sich selbst herauszufinden.

Verzichten Sie diese Woche einmal auf Milch und sämtliche Milchprodukte. Keine Sorge: Der Mensch kann sehr gut auch ohne Milch leben – ganze Völker tun das, vor allem im asiatischen Raum. Und wer unter einer Laktoseintoleranz leidet, weiß das ohnehin längst. Interessant ist jedoch, welche Erfahrungen *Sie ganz persönlich* machen werden, wenn Sie kurzzeitig auf Milchprodukte verzichten. Die Erfahrung zeigt, dass es recht wahrscheinlich ist, dass Sie durchaus Veränderungen bemerken werden.

Vielleicht werden Sie sich leichter und vitaler fühlen. Vielleicht werden Sie weniger unter Verdauungsproblemen oder Allergien leiden. Vor allem aber kann es auch gut sein, dass Sie in der milchfreien Woche abnehmen werden, da die meisten Milchprodukte wie Käse, Sahne oder Butter viel Fett enthalten. Im Folgenden finden Sie die Weglassliste für diese Woche und viele milchfreie Rezepte.

Milchprodukte: Die Weglassliste

Verzichten Sie diese Woche auf Milch, Milchprodukte und Milchpulver. Im Folgenden finden Sie die wichtigsten Nahrungsmittel, die Sie canceln sollten:

- Milch in jeder Form: Vollmilch, Magermilch, Vorzugsmilch, Rohmilch, frische, homogenisierte, pasteurisierte, teilentrahmte, sterilisierte oder ultrahocherhitzte Milch
- Alle Käsesorten: Hartkäse, Frischkäse, Weichkäse, Schnittkäse, Schmelzkäse, Schichtkäse, Ziegenkäse, Schafskäse usw.
- Rohmilch, Rohmilchkäse
- Sahne, Crème fraîche, Sauerrahm, Kefir, Quark, Joghurt, Molke, Buttermilch, Dickmilch und andere Sauermilcherzeugnisse
- Kondensmilch, Kaffeesahne, Milchpulver, Molkepulver
- Butter, Rahm
- Milcheis (dazu gehören die meisten Speiseeissorten, vor allem aber Schokoladen-, Vanille-, Nuss-, Stracciatella-, Joghurt-, Karamell-, Malaga-, Pistazien-, Cookie- und Walnusseis)
- Milchschokolade, Milchschnitten, Pralinen, Sahne- und Karamellbonbons, Pudding, Nuss-Nougat-Creme, Nougat
- Milchshakes, Milchmixgetränke, Kakao, Cocktails auf Sahne- oder Milchbasis
- Auch die meisten Kaffeegetränke enthalten Milch – vor allem gilt das natürlich für Milchkaffee, Cappuccino, Latte Macchiato und die meisten aromatisierten Trendgetränke auf Kaffeebasis wie Caramel Macchiato usw.
- Vorsicht: Laktose (Milchzucker) ist auch Bestandteil vieler Instant- und Fertigprodukte wie Cremes, Saucen, Kartoffelpüreepulver, Bratlingmischungen, Cremesuppen, Tiefkühlkost usw. – achten Sie daher beim Einkaufen auf die Nährwertdeklaration.

Frühstück

Pfannkuchen mit Hafermilch (2 Portionen)

1 Ei | 1 Prise Salz | 200 g Hafermilch (oder Sojadrink) | ½ Päckchen Backpulver | 1 EL Rohrzucker | 125 g Mehl | Pflanzenöl, geschmacksneutral, oder Bratmargarine | Zucker | Zimt | Apfelmus

Das Ei über einer Rührschüssel aufschlagen. Salz, Hafermilch, Backpulver und Zucker dazugeben und gründlich verrühren. Das Mehl esslöffelweise dazugeben und mit einem Schneebesen gleichmäßig einrühren.

Etwas Öl (oder Margarine) in der Pfanne erhitzen. Jeweils eine Kelle Teig in die Pfanne geben und gleichmäßig ausschwenken. Die Pfannkuchen von beiden Seiten goldbraun backen.

Die Pfannkuchen mit Zucker und Zimt bestreuen oder mit Apfelmus servieren.

Zubereitungszeit etwa 20 Minuten

Frühstück

Kürbiskern-Vollkornbrot mit würzigem Sojaaufstrich (2 Portionen)

1 kleine Zwiebel, mild | 3 EL Sojamehl | 3–4 EL Tomatensauce (passierte Tomaten aus dem Glas oder der Dose) | ½ TL Oregano | 1 EL frisch gehackte Petersilie | Salz | Cayennepfeffer | 1 EL Margarine oder Sesammus (Tahin)

Die Zwiebel abziehen, fein hacken und bei schwacher Hitze in einer beschichteten Pfanne ohne Fettzugabe goldbraun rösten. Das Sojamehl, die Tomatensauce und den Oregano zugeben und alles unter Rühren 3 Minuten lang schmoren. Die Petersilie untermischen, die Paste mit Salz und Cayennepfeffer würzen und kalt stellen.

Das Vollkornbrot dünn mit Margarine oder Sesammus (Tahin) bestreichen und den Sojaaufstrich großzügig darauf verteilen.

Zubereitungszeit 10 Minuten (Abkühlzeit 30 Minuten)

Frühstück

Sojamüsli mit Früchten (1 Portion)

1 kleine Banane | 20 g getrocknete Apfelringe | 4 EL Dinkelflocken | 1 EL gehackte Haselnüsse | 150 ml »Sojamilch« (Sojadrink) | 1 Prise Zimt | 1 TL Honig | 1 Handvoll Waldbeeren (frisch oder TK)

Die Banane in Scheiben schneiden. Die Apfelringe in mundgerechte Stücke hacken. Die Dinkelflocken mit Haselnüssen, Apfelringen und Bananenscheiben mischen. Das Ganze mit Sojamilch übergießen.

Müsli vor dem Servieren mit Zimt und Honig verfeinern und mit den Waldbeeren garnieren.

Zubereitungszeit etwa 5 Minuten

Frühstück

Dinkelporridge mit Himbeeren (1 Portion)

50 g Dinkelflocken | 1 Prise Salz | 300 ml »Sojamilch« (Sojadrink) | 100 g Himbeeren (frisch oder TK)

Die Dinkelflocken mit 100 Milliliter kaltem Wasser und dem Salz kurz aufkochen lassen und dann 250 Milliliter Sojamilch hinzufügen.

Den Herd auf eine kleinere Stufe einstellen und den Dinkel unter gelegentlichem Rühren 10 Minuten ausquellen lassen.

Die Himbeeren mit den restlichen 50 Milliliter Sojamilch aufkochen und unter Rühren einkochen lassen.

Die Dinkelflocken und die Himbeermilch vermischen.

Zubereitungszeit etwa 15 Minuten

Frühstück

Nuss-Möhren-Creme (2 Portionen)

50 g Möhren | 25 g Walnusskerne | 50 g Seidentofu (eine besonders weiche Tofusorte) | 1 TL Honig | ½ TL Apfelsinenschale, frisch gerieben | 1 Prise Salz

Die Möhren schälen, waschen und in kleine Würfelchen schneiden. Möhren anschließend 20 Minuten in wenig kochendem Wasser garen. Währenddessen die Walnüsse zerkleinern und fein mahlen. Möhren, Seidentofu und Honig mit den Nüssen vermischen und das Ganze mit einem Schneebesen cremig schlagen.

Die Creme mit frisch geriebener Apfelsinenschale und ein wenig Salz abschmecken und kalt stellen.

Tipp *Dazu passt frisches Roggenvollkornbrot.*

Zubereitungszeit etwa 30 Minuten

Frühstück

Hirsegranulat mit Ananas (1 Portion)

30 g Hirseflocken | 10 g Kokosflocken | 2 EL Honig, dünnflüssig | 1 EL Erdnuss- oder Walnussöl | 1 Scheibe Ananas | 1–2 EL Ananassaft

Den Backofen auf 180 °C vorheizen.

Die Hirseflocken mit den Kokosflocken vermischen. 1 Esslöffel Wasser, dünnflüssigen Honig und das Erdnuss- oder Walnussöl hinzufügen. Die Masse dünn auf einem Backblech verteilen und im vorgeheizten Ofen bei 180 °C etwa 30 Minuten lang backen. Die Masse während der Backzeit immer wieder einmal wenden.

Die Ananasscheibe in 2 Zentimeter große Stücke schneiden. Das Hirsegranulat aus dem Ofen nehmen, kurz abkühlen lassen und mit frischen Ananasstücken servieren.

Wer das Ganze weniger knusprig mag, gibt die Masse fingerdick in eine Auflaufform und tränkt das Ganze vor dem Backen mit 1 bis 2 Esslöffel Ananassaft.

Zubereitungszeit etwa 40 Minuten

Frühstück

Reisbrei mit Pfirsich (1 Portion)

1 TL Margarine, laktosefrei | 40 g Rundkornreis | 2 Pfirsiche aus der Dose | 1 EL Honig | 1 Messerspitze Zimt

Die Margarine in einer Kasserolle erhitzen und den Reis darin glasig dünsten. 120 Milliliter Wasser dazugießen und den Reis so lange leicht zugedeckt köcheln, bis er dick und cremig wird. (Für die Kochzeit und das Verhältnis Reis:Wasser bitte die Packungsangaben beachten.)

Die Pfirsiche pürieren und mit dem Honig vermischen. Die Pfirsichmasse anschließend gründlich unter den Reis mischen. Vor dem Servieren mit etwas Zimt bestreuen.

Zubereitungszeit etwa 30 Minuten

Hauptgericht

Milchfreie Spinatspätzle mit Tomatensalat (1 Portion)

125 g Spinat, frisch oder TK | 125 g Mehl | 1 TL Johannisbrotkernmehl | Salz
Tomatensalat: 2–3 Tomaten | 1 kleine Zwiebel | Pfeffer | 1 EL Balsamicoessig | 2 Basilikumblätter

Den tiefgekühlten Spinat auftauen oder frischen Spinat klein hacken und pürieren. Den Spinat gründlich ausdrücken. Das Mehl in einer Schüssel mit dem Johannisbrotkernmehl verrühren. Den Spinat hinzufügen und mit dem Mixer einrühren. Nach und nach etwas Wasser hinzugießen, bis ein sehr zäher Teig entsteht (maximal 50 Milliliter).

Reichlich Salzwasser aufkochen. Den Teig durch einen Spätzlehobel oder eine Kartoffelpresse drücken. Die Spätzle, die oben schwimmen, abschöpfen und bei Bedarf im vorgeheizten Backofen warm stellen.

Die Tomaten waschen und in Scheiben schneiden. Eine kleine Zwiebel abziehen und in feine Ringe schneiden. Die Zwiebelringe gleichmäßig über den Tomaten verteilen und das Ganze mit Salz, Pfeffer und Balsamicoessig würzen. Abschließend mit Basilikum dekorieren.

Zubereitungszeit etwa 30 Minuten

Hauptgericht

Tofucurry (1 Portion)

50 g Fenchel | 50 g Sellerie | ½ Stange Lauch | 1 TL Öl | 100 g Tofu | Saft von ½ Orange | 100 ml Kokosmilch aus der Dose | Salz | Pfeffer | 1 TL Currypulver | Sojasauce | 1 Spritzer Limettensaft

Den Fenchel, den Sellerie und den Lauch waschen und klein schneiden. Einen Schuss Öl in der Pfanne erhitzen und den Tofu darin gründlich anbraten. Fenchel, Sellerie und Lauch hinzugeben und nach ca. 2 Minuten mit Orangensaft ablöschen. Den Orangensaft gut einkochen lassen, dann erst mit Kokosmilch auffüllen. Die Tofupfanne mit Salz, Pfeffer, Curry und Sojasauce würzen und mit Limettensaft abschmecken.

Tipp *Das Gericht lässt sich auch schnell und einfach im Wok zubereiten. Dazu passt Basmatireis.*

Zubereitungszeit etwa 30 Minuten

Hauptgericht

Brokkoliquiche (2 Portionen)

Etwas Margarine für die Form | 50 g Margarine, laktosefrei | 100 g Mehl | Salz | 300 g Brokkoli | 50 g Kochschinken | 2 Eier | 150 ml »Sojamilch« (Sojadrink) | Pfeffer| frisch geriebene Muskatnuss | ½ TL Kräuter der Provence

Eine kleine Springform (Ø 24 Zentimeter) mit etwas Margarine einfetten. Das Mehl mit Salz und Margarine mischen und weich kneten. Nach und nach etwas Wasser hinzufügen, bis ein glatter Teig entsteht. Die Springform mit dem Teig auskleiden und einen kleinen Rand formen. Das Ganze ca. 1 Stunde kalt stellen.

Backofen auf 180 °C vorheizen. Den Brokkoli vom Strunk lösen, in kleine Röschen zerteilen, im kochenden Salzwasser 5 Minuten garen und anschließend in einem Sieb gründlich abtropfen lassen. Den Schinken fein würfeln.

Den Teig im Ofen bei 180 °C Umluft 10 Minuten vorbacken. Währenddessen die Eier mit dem Sojadrink gründlich verquirlen und mit Salz, Pfeffer, Muskatnuss und Kräutern der Provence abschmecken.

Die Form aus dem Ofen nehmen und den Brokkoli auf dem Teig verteilen. Die Schinkenwürfel und die Eimischung darübergeben und alles etwa 45 Minuten lang goldbraun backen.

Zubereitungszeit inklusive Ruhezeit etwa 2 Stunden

Hauptgericht

Paprika-Kartoffel-Ragout (2 Portionen)

500 g Kartoffeln, festkochend | 1 rote und 1 grüne Paprikaschote | 1 kleine Zwiebel | 1 Knoblauchzehe | 2 EL Sonnenblumenöl | 2 frische Salbeiblätter | 3 EL Ajvar | 100 ml Gemüsebrühe | 50 ml Rotwein, trocken (alternativ: Gemüsebrühe) | 150 ml Tomatensaft | 2 Wacholderbeeren | 1 TL Paprikapulver | Salz | Pfeffer

Die geschälten Kartoffeln waschen und in kleine Würfel schneiden. Paprika waschen, halbieren und entkernen, dann in dicke Scheiben schneiden. Die Zwiebel abziehen und in dünne Ringe schneiden. Den Knoblauch abziehen und klein hacken.

Das Öl in einer Kasserolle erhitzen und die Kartoffel-, Paprika- und Zwiebelstücke 2 Minuten unter Rühren andünsten. Die gewaschenen Salbeiblätter gut abtropfen lassen und mit dem Ajvar und dem Knoblauch dem Gemüse hinzufügen – weitere 2 Minuten schmoren lassen.

Die Gemüsebrühe, den Rotwein und den Tomatensaft hineingießen und die Wacholderbeeren unterrühren. Das Ganze im geschlossenen Topf etwa 30 Minuten garen.

Das Ragout mit Paprikapulver, Salz und Pfeffer würzen.

Tipp *Dazu passt frisches Fladenbrot.*

Zubereitungszeit ca. 60 Minuten

Hauptgericht

Linguine alla puttanesca (2 Portionen)

4 Sardellenfilets, in Öl eingelegt | 1 Knoblauchzehe | 1 rote Peperoncini | Salz | 250 g Linguine | 2 EL Olivenöl | 200 g passierte Tomaten (aus dem Glas oder der Dose) | 50 ml Rotwein | 1 EL schwarze Oliven ohne Kern | 1 EL Kapern

Die Sardellen gut abtropfen lassen und in kleine Stücke schneiden. Knoblauch abziehen und klein schneiden. Peperoncini waschen, abtrocknen, Stiel entfernen und Peperoncini klein schneiden.

3 bis 4 Liter Wasser mit 1 Esslöffel Salz sprudelnd aufkochen, Linguine vorsichtig hineingeben und mit dem Kochlöffel nach unten drücken, bis alle Nudeln unter Wasser sind. Die Nudeln bissfest kochen – je nach Sorte 8 bis 11 Minuten (siehe Packungsanweisung).

Während die Nudeln kochen, Olivenöl in einem Topf erhitzen. Sardellen, Knoblauch und Peperoncini einrühren und kurz andünsten. Die passierten Tomaten und den Wein dazugießen und alles ohne Deckel 10 Minuten köcheln lassen.

Das Olivenfleisch in feine Scheiben schneiden und mit den Kapern in die Sauce geben und salzen. Die Linguine abgießen und abtropfen lassen und mit der Sauce durchmischen.

Zubereitungszeit etwa 35 Minuten

Hauptgericht

Fitnesssalat mit Putenstreifen (2 Portionen)

½ Eisbergsalat | 150 g Champignons | 2 frische Tomaten | ¼ Salatgurke | 1 Zwiebel, mild | 1 kleine rote Paprikaschote | 250 g Putenbrust | 4 EL Olivenöl | 1 kleine Dose Mais | 200 g Sojajoghurt (Sojagurt, Yofu o. Ä.) | 2 EL Weinessig | 1 EL Zitronensaft | 1 TL Dijonsenf | Rosmarin | Thymian | 2 Knoblauchzehen | Salz | Pfeffer

Den Eisbergsalat in mundgerechte Stücke schneiden. Die Champignons putzen und in Würfel schneiden. Die Tomaten waschen, vom Strunk befreien und achteln. Die Gurke waschen und in dünne Scheiben schneiden, die Zwiebel abziehen und klein würfeln. Die Paprika waschen, entkernen und längs in Scheiben schneiden. Das Putenfleisch in Streifen schneiden, Fleisch mit etwas Öl in einer Pfanne anbraten. Die Champignonwürfel dazugeben.

Währenddessen die Tomaten, Gurken, Paprika, Zwiebeln und den Mais unter den Eisbergsalat heben.

Für die Salatsauce den Sojajoghurt mit dem restlichen Olivenöl, dem Essig, Zitronensaft, Senf und den Kräutern verrühren. Die Knoblauchzehe abziehen und durch die Knoblauchpresse zur Sauce geben, alles miteinander verrühren.

Die gebratenen Putenstreifen und Champignons über den Salat verteilen und nach Geschmack salzen und pfeffern.

Zubereitungszeit etwa 25 Minuten

Hauptgericht

Pesce aglio olio (2 Portionen)

2 Knoblauchzehen | 3 EL Olivenöl | 400 g Fischfilets (z. B. Schwertfisch oder Kabeljau) | Salz | frisch gemahlener Pfeffer | 1 EL Mehl | 2–3 Zitronenschnitze

Den Knoblauch abziehen – 1 Knoblauchzehe vierteln, 1 Knoblauchzehe klein hacken.

Das Olivenöl in eine Pfanne gießen und warm werden lassen. Die Knoblauchviertel bei mittlerer Hitze 4 bis 5 Minuten anbraten.

Währenddessen die Fischfilets mit Salz und Pfeffer bestreuen. Das Mehl auf einem großen flachen Teller verteilen und die Filets darin wenden.

Die Knoblauchviertel aus dem Öl fischen und die Fischfilets in die Pfanne legen. Den restlichen, klein gehackten Knoblauch hinzufügen und jede Seite 1 bis 2 Minuten braten. Mit Zitronenschnitzen servieren.

Tipp *Dazu passt frisches Weißbrot.*

Zubereitungszeit etwa 15 Minuten

Kleines Gericht

Zwiebelsuppe nach Bäckerinnenart
(1 Portion)

1 mittelgroße Zwiebel, mild | 1 Knoblauchzehe | 1 EL Bratmargarine, laktosefrei | 50 g altes Weißbrot | 300 ml Rinder- oder Gemüsebrühe | Salz | Pfeffer | Tabasco | ½ Bund Schnittlauch

Die Zwiebel abziehen und fein hacken, Knoblauch abziehen, pressen und mit der Margarine in einer Pfanne andämpfen. Das Brot in feine Scheiben schneiden, vierteln und mit in die Pfanne geben. Alles noch kurz weiterdämpfen und mit der Brühe ablöschen.

Die Suppe kurz aufkochen und auf kleiner Flamme ca. 45 Minuten lang leicht köcheln lassen. Zwischenzeitlich mit dem Schneebesen durchrühren, um das Brot aufzulösen. Bei Bedarf Gemüsebrühe nachgießen.

Mit Salz, Pfeffer und ein paar Tropfen Tabasco würzen. Den Schnittlauch in feine Röllchen schneiden und vor dem Servieren über die Suppe streuen.

Zubereitungszeit etwa 60 Minuten

Kleines Gericht

Italienischer Bohnensalat (2 Portionen)

200 g weiße Bohnen (aus der Dose) | 200 g Thunfisch (im eigenen Saft) | 1 Spritzer Zitronensaft | ½ Bund Lauchzwiebeln | ½ Bund Petersilie | 1 EL Balsamicoessig | 4 EL Olivenöl, kalt gepresst | Salz | frisch gemahlener Pfeffer

Die Bohnen in einem Sieb abtropfen lassen und gegebenenfalls kurz mit Wasser abschwenken. Den Thunfisch ebenfalls abtropfen lassen und mit dem Zitronensaft beträufeln. Die Lauchzwiebeln putzen, waschen und in dünne Röllchen schneiden. Die Petersilie waschen, gründlich trockenschütteln und fein hacken.

Die vorbereiteten Zutaten in einer Schüssel miteinander vermischen und den Thunfisch dabei gleichmäßig mit der Gabel zerpflücken.

Balsamicoessig, Olivenöl, Salz und frischen Pfeffer in einer kleinen Schüssel gründlich vermischen und mit der Gabel cremig schlagen. Die Sauce über den Bohnensalat geben und gut untermischen. Abschließend den Salat noch mindestens 15 Minuten ziehen lassen.

Zubereitungszeit etwa 15 Minuten (und 15 Minuten Ziehzeit)

Kleines Gericht

Rote Linsensuppe mit Kokos (2 Portionen)

1 kleine Zwiebel | 1 Knoblauchzehe | ½ rote Paprika | 1 Stange Staudensellerie | 1 Stückchen frischer Ingwer | 1 EL Öl | 2 TL Currypulver, mild | 100 g rote Linsen | 200 ml Kokosmilch (aus der Dose) | ca. 400 ml Gemüsebrühe | 1 EL Zitronensaft | Salz | Cayennepfeffer | 1–2 Stängel Thai-Basilikum

Zwiebel und Knoblauch abziehen und klein schneiden. Paprika entkernen, waschen und in kleine Würfel schneiden. Den Sellerie waschen, putzen, das Grün entfernen, entfädeln und in ½ Zentimeter breite Stücke schneiden. Den Ingwer schälen und klein würfeln. Das Öl in einem Topf erhitzen. Zwiebeln, Knoblauch, Ingwer und Currypulver darin unter Rühren kurz andünsten.

Die Linsen in einem Sieb gründlich waschen und abtropfen lassen und sie in einer Kasserolle mit Paprika und Sellerie vermischen. Die Kokosmilch und die Gemüsebrühe hinzugeben und das Ganze kurz aufkochen. Die Suppe auf kleiner Flamme 15 bis 20 Minuten köcheln lassen.

Abschließend alles mit dem Pürierstab pürieren und die Suppe mit Zitronensaft, Salz und Cayennepfeffer würzen. Das Thai-Basilikum waschen und trockenschütteln. Die heiße Suppe mit den Blättchen servieren.

Zubereitungszeit etwa 45 Minuten

Kleines Gericht

Tofu-Scramble (2 Portionen)

300 g Tofu | 1 EL Sonnenblumen- oder Rapsöl | 3 EL Sesamsamen | 1 Messerspitze Kardamom | Salz | Pfeffer | 1 Messerspitze Zimt | 1 Schuss »Sojamilch« (Sojadrink)

Den Tofu mit einem Küchenpapier zunächst gut abtrocknen. In einer beschichteten Pfanne das Öl erhitzen und den Tofu mit den Händen in die Pfanne krümeln. Den zerkrümelten Tofu 10 bis 15 Minuten goldbraun braten. Währenddessen immer wieder einmal in der Pfanne rühren.

Die Sesamsamen in die Pfanne geben und mit dem Tofu kurz weiterbraten. Mit Kardamom, Salz, Pfeffer und Zimt würzen. Sollte der Tofu zu trocken geworden sein, können Sie noch einen kleinen Schuss Sojamilch beigeben.

Zubereitungszeit etwa 10 Minuten

Kleines Gericht

Rührei mit Krabben (1 Portion)

2 Eier | 3 EL »Sojamilch« (Sojadrink) | Salz | Pfeffer | 1 TL gehackte Petersilie | 1 TL Margarine, laktosefrei | 30 g Nordseekrabben, gegart

Die Eier mit Sojamilch, Salz, Pfeffer und der fein gehackten Petersilie verquirlen. Die Margarine in einer Pfanne erhitzen, die Eier vorsichtig hineingießen und unter Rühren stocken lassen. Kurz vor Ende der Garzeit die Krabben unterrühren oder gleichmäßig über das Rührei streuen.

Tipp *Dazu passt helles Mischbrot oder Toast.*

Zubereitungszeit 5 –10 Minuten

Kleines Gericht

Gegrilltes Gemüse nach italienischer Art (2 Portionen)

100 g gemischte Blattsalate (Romana, Radicchio, Rucola) | ½ Zucchini | 1 gelbe Paprikaschote | 1 kleine Zwiebel, mild | 100 g Champignons | 3 EL Olivenöl | 1 EL Weinessig | Salz | Pfeffer | 1 EL kleine Kapern

Den Backofengrill anstellen. Den Salat und das Gemüse waschen und putzen. Die Zucchini längs in ca. 1 Zentimeter dicke Scheiben schneiden, die Paprika vom Stiel befreien, entkernen und in Streifen schneiden. Die Zwiebel abziehen und in dünne Ringe schneiden. Die Pilze abputzen halbieren.

Das Backblech mit Öl bestreichen und das Gemüse gleichmäßig darauf verteilen. 2 Esslöffel Öl über das Gemüse träufeln. Das Gemüse ca. 15 Minuten grillen. Das Blech zwischendurch zweimal herausholen und alles gut verrühren.

Während das Gemüse im Ofen gegrillt wird, die Salate gut trocknen und in Stücke zupfen. Essig, Salz, Pfeffer und 1 Esslöffel Olivenöl in einem Schälchen gründlich mit einer Gabel mischen, bis die Sauce cremig wird. Die Kapern dazugeben und die Hälfte der Sauce über den Salat geben und auf flachen Tellern verteilen. Das gegrillte Gemüse darauflegen und die restliche Sauce gleichmäßig darübergießen.

Zubereitungszeit etwa 25 Minuten

Kleines Gericht

Exotischer Obstsalat (1 Portion)

1 kleine Mango | 1 Kaki | 1 Kiwi | Saft von einer ½ Limette | Saft von ½ Orange | 1-2 TL brauer Rohrzucker (nach Belieben)

Mango, Kaki und Kiwi schälen und gegebenenfalls vom Kern lösen. Die Früchte in feine Scheiben oder Würfel schneiden und alles in einer Schüssel mischen.

Limetten- und Orangensaft zu den Früchten geben. Alles vorsichtig durchmischen und nach Möglichkeit 15 Minuten im Kühlschrank ziehen lassen.

Für alle, die es gerne süß mögen: Den Fruchtsalat vor dem Servieren mit 1 bis 2 Teelöffel braunem Rohrzucker süßen.

Zubereitungszeit etwa 10 Minuten

5. Woche

Eine Woche ohne Weißmehl

In dieser Woche sollten Sie Weißmehl in jeder Form vermeiden und ausschließlich zu Vollkornprodukten greifen. Beobachten Sie genau, was passiert, wenn Sie kurzfristig auf Weißmehl verzichten. Es ist gut möglich, dass Sie dabei einige Überraschungen erleben werden: Zum einen enthält Vollkornmehl deutlich mehr Mineralstoffe, Vitamine und sekundäre Pflanzenstoffe als Weißmehl, zum anderen zählen Vollkornprodukte zu den wichtigsten Ballaststofflieferanten. Im Gegensatz dazu wird Weißmehl besonders häufig in Kombination mit Fett und Zucker verzehrt, beispielsweise bei Burgern, Pizza, Kuchen, Torten, Süßgebäck oder ähnlichen Kalorienbomben.

Dennoch: Es geht hier gar nicht darum zu entscheiden, ob nun Weißbrot oder Vollkornbrot »besser« oder »gesünder« ist. Immerhin leben viele Völker ganz ohne Vollkornprodukte – vor allem im mediterranen Raum. Viel wichtiger ist es, herauszufinden, welche Nahrung *Ihnen* am besten bekommt, denn das ist letztlich der Sinn der Minus-1-Diät.

Auf Weißmehl zu verzichten ist leichter gesagt als getan, denn was den Begriff

Weißmehl: Die Weglassliste

In dieser Woche sollten Sie auf alle Brotsorten und Getreideprodukte verzichten, sofern diese nicht ausdrücklich zu den Vollkornerzeugnissen zählen. Dazu gehören:

- Weißbrot, Weizenbrötchen, Weizenmehl (Typ 405)
- Sandwiches, Bagels, Baguette, Laugenbrötchen, Kanapees, Wraps
- Mischbrot, Toastbrot, Knäckebrot
- Hamburger, Fladenbrot, Pizza, Pizzabaguette, Focaccia, Zwiebelkuchen, Pide (Döner, Kebab)
- Cornflakes, Frühstückspopps
- Paniermehl
- Tiefkühl- und Fertiggerichte, die Weizenmehl enthalten
- Nudeln und Spätzle
- Weißer Reis (Basmatireis, Duftreis, Milchreis)
- Pfannkuchen, Kaiserschmarrn, Waffeln, Germknödel, Strudel, Pudding usw.
- Gebäck wie Bienenstich, Croissants, Nusshörnchen, aber auch Kekse, Biskuit, Kuchen und Torten sowie Backmischungen

»Vollkorn« betrifft, so herrscht einige Verwirrung. Dass Pumpernickel eindeutig Vollkornbrot und Weißbrot eindeutig keines ist, sieht man zwar auf den ersten Blick, doch bei anderen Brotsorten ist die Sache meist komplizierter; Vollkornbrot muss nämlich nicht unbedingt dunkel und grob geschrotet sein – auch Erzeugnisse aus ausgemahlenem Vollgetreide gehören zu den Vollkornprodukten.
Drei einfache Definitionen helfen Ihnen dabei, den Überblick nicht zu verlieren:

1. Vollkornprodukte sind Getreideprodukte. Vollkornbrot oder -mehl wird also nicht nur aus Weizen, sondern beispielsweise auch aus Roggen oder Dinkel hergestellt. Damit alle wichtigen Nährstoffe wie Mineralstoffe, Vitamine, pflanzliche Öle und Ballaststoffe, die in der Schale stecken, geschont werden, wird das volle Korn nach der Ernte erhalten – einzig die Spelzen und Grannen werden entfernt.
2. Die offizielle Definition nach DIN-Norm 10355 zur Typisierung von Mahlerzeugnissen in Deutschland lautet: »Vollkornmehl und Vollkornschrot müssen die gesamten Bestandteile der gereinigten Körner, einschließlich des Keimlings, enthalten. Die Körner dürfen vor der Verarbeitung von der äußeren Fruchtschale befreit sein.«
3. Laut Gesetz dürfen Produkte bei uns nur dann als »Vollkornprodukte« deklariert werden, wenn sie es auch wirklich sind. Zu den aus Vollkorngetreide erzeugten Produkten gehören neben Brot und Brötchen auch Frühstücksflocken, Müslis und aus Vollkornmehl hergestellte Kuchen, Kekse usw. Und natürlich gehören auch Haferflocken, Reis, Hirse, Buchweizen, Roggen, Dinkel, Grünkern, Quinoa, Amaranth und einige Weizenprodukte zu den Vollkornprodukten, sofern es sich auch wirklich um die jeweilige Vollkornvariante handelt.

Die Alternative: Vollkornerzeugnisse

Obwohl es in dieser Woche in erster Linie darum geht, Weiß*mehl* zu vermeiden, raten wir Ihnen zu einer »Vollkornwoche«, in der Sie auch »weiße Nudeln« meiden sollten. Statt polierten Reis zu essen, sollten Sie auf Vollkornreis oder genauer gesagt auf unpolierten Naturreis zurückgreifen.

Eine große Fülle an Vollkornprodukten macht es uns heute leicht, zu Alternativen zu greifen: Ob Brot, Knäckebrot, Toast oder Zwieback, ob Kuchen, Kekse oder sogar Croissants und Muffins – immer gibt es auch eine Vollkornvariante. Auch Nudeln wie Spaghetti, Fusilli, Rigatoni oder Lasagne gibt es in Form von Vollkornnudeln.

Beachten Sie, dass neben Weizen und Roggen vor allem Getreidesorten wie Grünkern, Dinkel oder Buchweizen oft in Form von Vollkornerzeugnissen angeboten werden. Für ein Frühstück ohne Weißbrot stehen die unterschiedlichsten Müslisorten zur Verfügung. Indem Sie Vollkornteig verwenden, können Sie nicht nur Ihre Pizza, sondern auch Spätzle oder Crêpes in der Vollkornvariante zubereiten. Natürlich können Sie sich auch Ihr Vollkornbrot selbst backen.

Vollkornbrot Grundrezept

350 g Dinkelvollkornmehl | 3 TL Trockenhefe | 1½ EL Zucker | 2 TL Salz | 10 g zimmerwarme Butter

Dinkelvollkornmehl, Trockenhefe und Zucker mit 220 Milliliter lauwarmem Wasser vermischen und zu einem glatten Teig verkneten. Den Teig mit einem feuchten Tuch abdecken und an einem warmen Ort gehen lassen.

Nach ungefähr 30 Minuten Salz und Butter unterkneten und den Teig nochmals abgedeckt weitere 60 Minuten gehen lassen.

Den Backofen auf 200 °C vorheizen.

Den Teig abschließend nochmals gründlich durchkneten und ein großes Brot formen. Das Brot auf ein mit Backpapier ausgelegtes Blech legen und nochmals 30 Minuten gehen lassen.

Das Brot mit Wasser bestreichen, in den Ofen schieben und etwa 40 Minuten lang backen, dabei eine Tasse mit Wasser auf den Boden des Ofens stellen. Das Brot aus dem Ofen nehmen, wenn es gar ist. Anschließend auf ein Kuchengitter legen und sogleich mit kaltem Wasser besprühen oder bepinseln. Auskühlen lassen.

Zubereitungszeit etwa 20 Minuten + Ziehzeit und Backzeit gute 2½ Stunden

Schnelles Saatenvollkornbrot

1 EL Honig | 500 g Dinkelmehl | 2–3 EL Gewürzmischung (Brotgewürz) | 2 EL Meersalz | 3 EL Sonnenblumenkerne | 2 EL Sesamsamen | 4 EL Leinsamen | 3 EL Kürbiskerne | 1 Päckchen Trockenhefe (Trockengerm) | 1 EL Butter | Butter für die Form

½ Liter heißes Wasser mit dem Honig verrühren und auf die Seite stellen. Alle übrigen Zutaten gründlich vermischen, das Honigwasser untermengen und alles gut durchkneten. Eine Kastenform mit Butter einfetten und den Brotteig einfüllen.

Den Backofen auf 200 °C vorheizen.

Eine mit Wasser gefüllte Tasse auf den Boden des Ofens stellen. Den Teig im vorgeheizten Backofen bei 200 °C etwa 60 Minuten backen. Das Brot vor dem Verzehr abkühlen lassen.

Zubereitungszeit 10 Minuten + Backzeit 60 Minuten

6. Woche

Eine Woche ohne Alkohol

Verzichten Sie diese Woche konsequent auf Alkohol in jeder Form. Auch wenn Sie nur selten Alkohol trinken, können Sie dabei interessante Beobachtungen machen – erst recht gilt das natürlich, wenn Sie täglich Alkohol trinken. Dabei geht es gar nicht darum, ob Alkohol »gut« oder »schlecht« ist; es geht nicht darum, was Gesundheitsapostel dazu sagen, sondern einzig um achtsames Beobachten und Ihre eigenen Erfahrungen.

Auch wenn Alkohol in unserer Kultur zum Alltag gehört: Es ist gar nicht so leicht, achtsam mit Alkohol umzugehen. Einerseits steigt mit jedem Schluck das Risiko, dass wir eben nicht mehr so genau beobachten können, was der Alkohol mit uns macht. Andererseits ist das »Gläschen in Ehren« für viele zur Gewohnheit geworden, und je stärker wir uns von Gewohnheiten leiten lassen, desto automatischer und unachtsamer handeln wir. Indem Sie diese Woche ganz auf Alkohol verzichten, können Sie herausfinden, ob Sie suchtgefährdet sind. Wenn Sie es absolut nicht schaffen eine Woche lang trocken zu bleiben, ist das wahrscheinlich der Fall. Aber Sie können noch mehr herausfinden – beispielsweise wie Sie am Morgen aus dem Bett kommen, wenn Sie am

> ## Alkohol: Die Weglassliste
>
> Diese Woche sollten Sie konsequent auf sämtliche alkoholhaltigen Getränke und Speisen verzichten. Dazu gehören:
> - Alle Arten von Bier – ob Leicht-, Voll- oder Starkbiere
> - Rotweine, Weißweine, Roséweine, Schaumweine, Sekt, Champagner usw.
> - Apfelwein (Cidre), Honigwein (Met)
> - Liköre, Longdrinks, Cocktails (mit Alkohol)
> - Hochprozentiges wie Branntwein, Cognac, Obstbrände, Obstgeiste, Whiskey, Wodka usw.
> - Alkoholhaltige Mischgetränke, Radler, Alkopops, Designer-Drinks usw.
> - Süßigkeiten, die Alkohol enthalten, wie Schwarzwälder Kirschtorte, Pralinen mit Likörfüllung, Obstsalate, Schoko-Rum-Dessert, Weinschaumcreme usw.
> - Alkoholhaltige Dressings und Saucen wie Cognacsaucen usw.

Abend davor weder Bier noch Wein getrunken haben. Oder auch, wie Alkohol sich auf Ihr Körpergewicht auswirkt. Alkohol enthält viele Kalorien, und tatsächlich haben viele Menschen vor allem deshalb Gewichtsprobleme, weil sie zu viel Alkohol trinken. Probieren Sie einfach aus, was sich bei Ihnen in der alkoholfreien Woche verändert.

Alkoholfreies Bier

Mit dem alkoholfreien Bier ist es ähnlich wie mit dem koffeinfreien Kaffee – so »ganz ohne« ist auch das Alkoholfreie nicht: Je nach

Herstellungsart enthält alkoholfreies Bier zwischen 0,02 und 0,5 ‰ Alkohol. Allerdings ist diese Menge vernachlässigbar klein: Betrunken werden Sie davon sicher nicht, und ungesund ist alkoholfreies Bier auch nicht – ganz im Gegenteil: Deutsche Forscher haben herausgefunden, dass alkoholfreies Bier Herz-Kreislauf-Erkrankungen vorbeugen kann. Jedes Bier – ob nun mit oder ohne Alkohol – vermindert die Blutgerinnung und senkt das Risiko für Thrombosen oder Herzinfarkt. Allerdings scheinen diese positiven Effekte beim alkoholfreien Bier besonders ausgeprägt zu sein.

Im Gegensatz zum normalen Bier hat alkoholfreies nur etwa gut die Hälfte an Kalorien und ist somit gut für die schlanke Linie. Darüber hinaus empfehlen Mediziner alkoholfreies Bier auch als gesundes, isotonisches Getränk für Sportler, da es wertvolle Mineralstoffe und Vitamine enthält. Last but not least gehört alkoholfreies Bier zu den »reinsten« Getränken, denn im Gegensatz zu fast allen Erfrischungsgetränken enthält es weder Zuckerzusätze noch Aroma-, Farb- oder Konservierungsstoffe. Ebenso wie für das »echte« Bier gilt nämlich für alkoholfreies das deutsche Reinheitsgebot: Hopfen, Malz, Wasser und eventuell noch Hefe – das ist alles, was im Bier enthalten sein darf.

Cocktails ohne Alkohol

Im Folgenden finden Sie einige leckere Rezepte für Drinks ohne Alkohol. Für einen Abend zu zweit verdoppeln Sie einfach die angegebenen Mengen.

Tropic Flip (für 1 Person, Foto links)

4 cl Ananassaft | 4 cl Bananensirup | 4 cl Sahne | 0,1 l Maracujasaft | 4-5 Eiswürfel

Alle Zutaten gründlich shaken und in einem Longdrinkglas auf Eiswürfeln servieren.

Blue Tonic (für 1 Person, Foto rechts)

2 cl Blue-Curaçao-Sirup | 4 cl Grapefruitsaft | 1 cl Limettensirup | Tonic Water zum Auffüllen | 1 Limettenscheibe zum Verzieren

Die Zutaten kurz shaken, in ein Longdrinkglas füllen und mit Tonicwater auffüllen. Mit einer Limettenscheibe verzieren.

Cranberry-Traubencocktail (für 1 Person)

2 cl Cranberry-Sirup | 2 cl Zitronensaft, frisch gepresst | 2 cl Sahne | 0,2 l Traubensaft, weiß oder rot

Alle Zutaten im Shaker mischen und in ein Longdrinkglas füllen.

Apfeltraum (für 2 Personen)

2 EL Zitronensaft, frisch gepresst | 80 ml Wasser ohne Kohlensäure | 3 Äpfel, geschält und entkernt, in feine Scheiben geschnitten | 20 g Zucker | 250 ml Apfelsaft | zerstoßenes Eis

Zitronensaft, Wasser, Apfelscheiben und Zucker vermischen und in einem stabilen Gefäß pürieren. Die Mischung in einem Glaskrug mit Apfelsaft aufgießen, gut umrühren und auf Eis servieren.

Himbeersoda (für 1 Person)

5 ml Himbeersirup | Eiswürfel | 0,1 l Mineralwasser (mit Kohlensäure) | 1 Limettenscheibe | 1–2 Minzblätter

Den Himbeersirup und einige Eiswürfel in ein Glas geben und mit Mineralwasser auffüllen. Den Himbeerdrink mit der frisch geschnittenen Limettenscheibe und Minzblättern servieren.

Zitroneneistee (für 2 Personen)

2–3 Beutel Darjeelingtee | 1 Zitrone | 1–2 TL Rohrzucker | 1 Zitronenscheibe

½ Liter Wasser zum Kochen bringen und den Schwarztee aufbrühen. Mindestens 3 Minuten ziehen lassen. Die Teebeutel entnehmen und den Tee 15 Minuten abkühlen lassen.

Die Zitrone auspressen. Den Tee mit dem Zitronensaft und ½ Liter kaltem Wasser aufgießen und mit Rohrzucker süßen. Als Dekoration 1 Zitronenscheibe zur Hälfte anschneiden und auf den Rand des Glases stecken.

Erdbeerlimonade (für 1 Person, Foto)

4 cl Erdbeersirup | 2 cl Zitronensaft | 4 frische Erdbeeren | Eiswürfel nach Belieben | 0,2 l Zitronenlimonade

Erdbeersirup und Zitronensaft in einem großen Glas vermischen. Die Erdbeeren waschen und vierteln. Wahlweise einige Eiswürfel hinzugeben und das Ganze mit Zitronenlimonade auffüllen.

Durstlöscher (für 2 Personen)

2 Beutel Pfefferminztee | 1 Handvoll frische Zitronenmelissenblätter | 1 EL Limettensaft

1 Liter Wasser zum Kochen bringen und in eine Teekanne füllen. Den Pfefferminztee und die Zitronenmelisse 10 Minuten im heißen Wasser ziehen lassen. Den Tee abkühlen lassen, bis er höchstens noch lauwarm ist, dann den Limettensaft zugeben. Lauwarm löscht dieser Tee den Durst am besten, er kann aber natürlich auch stärker gekühlt und mit Eiswürfeln als Eistee getrunken werden.

Ginger-Tonic (für 2 Personen)

1 l Wasser mit Kohlensäure | 2 cm Ingwerwurzel | ½ Bio-Zitrone

Das Wasser in eine Glaskaraffe füllen. Den Ingwer schälen und in hauchdünne Scheiben schneiden. Die Zitrone heiß waschen und eine Hälfte in Scheiben schneiden. Die Ingwer- und die Zitronenscheiben 30 bis 60 Minuten im Wasser liegen lassen, dann genießen.

7. Woche

Eine Woche ohne Fleisch, Fisch und Geflügel

Diese Woche sollten Sie sich vegetarisch ernähren. Keine Sorge: Es geht nicht darum, streng vegetarisch (vegan) zu leben und sämtliche tierische Lebensmittel inklusive Ei, Milchprodukte und Honig von Ihrem Speiseplan zu streichen. Auf Fleisch, Fisch oder Geflügel sollten Sie jedoch diese Woche ganz verzichten. Anders gesagt: Essen Sie nichts, was weglaufen (oder wegschwimmen) kann. Falls Sie ohnehin Vegetarier sein sollten, fällt diese Woche für Sie natürlich aus.

Nach Schätzungen der Europäischen Vegetarier-Union leben in Deutschland schon heute rund 7 Millionen Menschen vegetarisch, mit steigender Tendenz. Dafür gibt es zahlreiche Gründe – vor allem ethische, ökologische und gesundheitliche.

Einerseits deutet einiges darauf hin, dass Vegetarier sehr viel seltener Zivilisationskrankheiten zum Opfer fallen als Fleischesser. Sie haben bessere Blutwerte und wiegen im Schnitt deutlich weniger. Auf der anderen Seite schwören aber auch viele Menschen darauf, dass Fleisch »ein Stück Lebenskraft« ist. Einige Völker leben sogar fast ausschließlich von Fisch und Fleisch – und das recht gut. Es hilft also nichts: Sie müssen selbst herausfinden, wie Sie sich fühlen, wenn Sie einmal konsequent auf Fleisch verzichten. Es geht dabei jedoch nicht darum, Sie zum Vegetarismus zu bekehren, sondern darum, wertvolle Erfahrungen zu sammeln, die es Ihnen ermöglichen, sich Ihr eigenes Bild zu machen.

Beobachten Sie sich während der vegetarischen Woche sehr genau: Wie verändert sich Ihr Gewicht? Wie fühlen Sie sich? Haben Sie mehr oder weniger Energie? Verändert sich Ihre Verdauung?

Im Folgenden finden Sie die Weglassliste für diese Woche und anschließend zahlreiche leckere vegetarische Rezeptvorschläge.

Fleisch, Fisch und Geflügel: Die Weglassliste

Verzichten Sie diese Woche konsequent auf:

- Rind-, Kalb- und Schweinefleisch
- Schaf-, Lamm- und Ziegenfleisch
- Wild wie Hirsch, Hase, Reh oder Wildschwein
- Geflügel und Wildgeflügel wie Huhn, Gans, Ente oder Pute (Truthahn), Fasan, Rebhuhn, Strauß, Perlhuhn
- Innereien aller Art
- Wurst und Wurstwaren, Aufschnitt und Dosenfleisch
- Fisch, Fischprodukte und Meeresfrüchte
- Saucen oder Dressings auf Fleisch-, Geflügel- oder Fischbasis

Frühstück

Pikanter Brotaufstrich (2 Portionen)

1 Karotte | ½ Zwiebel | 1 kleine Chilischote | 100 g Tomatenmark | 50 g weiche Butter | ½ TL Salz | Kräuter der Provence

Die Karotte schälen und die Zwiebel abziehen. Die Karotte fein reiben, die Zwiebel und die Chilischote sehr fein hacken. Alles mit dem Tomatenmark und der Butter vermischen. Die Masse mit Salz und Kräutern würzen.

Zubereitungszeit etwa 15 Minuten

Frühstück

Obstsalat auf Mascarponewölkchen (1 Portion)

½ Vanilleschote | 50 g Mascarpone | 125 g fettarmer Joghurt | 2 EL Sahne | 1 EL Honig | ½ Apfel | ½ Birne | 5 EL gemischte Beeren (frisch oder TK)

Die halbe Vanilleschote auskratzen und das Mark in eine Rührschüssel geben. Mascarpone, Joghurt, Sahne und Honig zum Vanillemark geben und mit dem Mixer zu einer cremigen Masse aufschlagen.

Apfel und Birne waschen, klein schneiden und mit den (aufgetauten) Beeren mischen. Die Mascarponemasse in ein Glasschälchen geben und das Obst einsinken lassen.

Zubereitungszeit etwa 30 Minuten

Frühstück

Schnelle Apfelküchlein vom Blech (2 Portionen)

2 Äpfel I 1 EL Zitronensaft I ½ TL Zimt I 1 EL weiche Butter I 1 TL Zucker I ½ Päckchen Vanillezucker I 1 Prise Salz I 1 Ei I 50 g Mehl I ½ TL Backpulver I Puderzucker zum Bestäuben

Äpfel schälen, vom Kerngehäuse befreien und grob raspeln. Sofort mit Zitronensaft und Zimt mischen und zugedeckt etwas durchziehen lassen.

Den Backofen vorheizen (Umluft: 180 °C / Ober-/Unterhitze: 200 °C). Die weiche Butter mit Zucker, Vanillezucker, Salz und dem Ei schaumig rühren. Das Mehl mit Backpulver mischen, darübersieben und unterheben. Der Teig sollte mittelfest sein.

Die Apfelstücke zum Teig geben und unterheben. Mit einem angefeuchteten Esslöffel etwa 4 Teighäufchen auf ein mit Backpapier ausgelegtes Blech geben und ca. 20 Minuten goldgelb backen.

Die Küchlein auf einem Kuchengitter etwas auskühlen lassen. Mit Puderzucker bestäuben und noch warm servieren.

Zubereitungszeit etwa 30 Minuten

Frühstück

Mexican Breakfast (1 Portion)

etwas frische Petersilie | 1 großes Ei | Salz | Pfeffer | ½ TL Butter | 1 Weizentortilla | 25 g Gouda | Guacamole | Salsa Picante (scharfe Tomatensauce) | mexikanisches Bohnenmus (Frijoles)

Die Petersilie waschen, trockenschütteln und fein hacken. Das Ei mit gehackter Petersilie, Salz und Pfeffer verrühren und in der Butter als Rührei anbraten. Die Tortilla im Backrohr erwärmen und mit Käse bestreuen, mit Rührei füllen und mit reichlich Guacamole, Salsa Picante und Frijoles servieren.

Zubereitungszeit etwa 20 Minuten

Frühstück

Himmlisches Himbeerfrühstück (1 Portion)

5 EL zarte Haferflocken | 1 Prise Salz | 1 Packung Bourbon-Vanillezucker | 100 ml heißes Wasser oder heiße Milch | ½ Becher fettarmer Joghurt | 50 g Magerquark | 1 Handvoll Himbeeren, frisch oder TK | 1 TL Mandelblättchen

Die Flocken mit einer Prise Salz und dem Vanillezucker in eine Frühstücksschüssel geben. Mit etwas heißem Wasser oder heißer Milch begießen und ca. 10 Minuten quellen lassen.

Die gequollenen Flocken mit Joghurt und Quark vermischen – die Mischung sollte nicht zu fest sein. Danach die frischen oder aufgetauten Himbeeren und die Mandelblättchen darübergeben.

Zubereitungszeit etwa 20 Minuten

Frühstück

Gebratenes Pekinggemüse (1 Portion)

½ kleine Karotte | ½ kleine Zucchini | 3 Champignons | 3 eingelegte Maiskölbchen | 1 TL Sonnenblumen- oder Rapsöl | 1 TL Ahornsirup | weißer Pfeffer | 1 TL Sojasauce | 30 ml Gemüsebrühe | etwas Tabasco | 1 Platte Mie-Nudeln | 1 TL Sesamsamen

Die Karotte und die Zucchini waschen und schälen und in Streifen schneiden. Die Champignons putzen und mit den Maiskölbchen in feine Streifen schneiden. Das Gemüse in einer Pfanne mit Öl bei großer Hitze scharf anbraten. Den Ahornsirup darübergeben, gut verrühren und pfeffern.

Die Sojasauce und die Brühe angießen. Mit Deckel einige Minuten bei mittlerer Hitze garen. Anschließend mit Tabasco abschmecken.

Eine Platte Mie-Nudeln nach Packungsanweisung garen, abtropfen lassen und mit dem gebratenen Gemüse auf einem Teller anrichten. Mit Sesamkörnern bestreut servieren.

Zubereitungszeit etwa 25 Minuten

Frühstück

Buchweizenfrühstück mit Schafskäse (1 Portion)

80 g Buchweizen | ½ TL Salz | 30 g Schafskäse, in Salzlake | ¼ Gurke | 1 TL Honig | Kümmel, ganz | Pfeffer, frisch gemahlen

Den Buchweizen zweimal gründlich waschen, indem man ihn in einen Topf mit kaltem Wasser gibt und mehrmals kräftig umrührt. Danach das Wasser über ein Sieb abgießen. Anschließend den Buchweizen mit etwa 120 Milliliter Wasser und Salz aufkochen. Bei geringer Hitze 20 Minuten bei geschlossenem Deckel quellen lassen.

Den Schafskäse und die Gurke fein würfeln und mit dem Honig leicht süßen. Den gegarten Buchweizen in eine Schüssel geben, mit der Schafskäsemasse vermischen und mit Kümmel und frisch gemahlenem schwarzem Pfeffer würzen.

Zubereitungszeit etwa 25 Minuten

Hauptgericht

Spaghetti mit Linsen-Bolognese (2 Portionen)

100 g getrocknete braune Linsen | 2 Tomaten | 1 Karotte | ½ Stange Lauch | 1 Stange Staudensellerie | ½ Zwiebel | 1 Knoblauchzehe | 1 EL Olivenöl | 1 EL Rotwein | 100 ml Gemüsebrühe | 1 EL Tomatenmark | 200 g Spaghetti | ½ TL Thymian, getrocknet | ½ TL Rosmarin, getrocknet | Cayennepfeffer

Die Linsen in reichlich Wasser, aber ohne Salz 20 bis 30 Minuten gar kochen. Die Tomaten kreuzweise einritzen, mit kochendem Wasser überbrühen, kalt abspülen und die Haut abziehen. Die Tomaten in kleine Würfel schneiden. Die Karotte schälen, den Lauch und Sellerie waschen, putzen und ebenfalls in kleine Würfel schneiden.

Die Zwiebel und den Knoblauch abziehen und fein hacken. Das Öl in einem Topf erhitzen und das Gemüse darin kurz andünsten, den Rotwein zugeben und etwas Brühe angießen. Dann das Tomatenmark unterrühren und die restliche Brühe dazugießen. Alles 10 bis 15 Minuten bei mittlerer Hitze kochen lassen. Danach die gekochten Linsen in einem Sieb abtropfen lassen und dazugeben.

Die Spaghetti nach Packungsanweisung bissfest kochen.

Die Gewürze unter das Gemüse heben, abschmecken und mit den Spaghetti anrichten.

Zubereitungszeit etwa 30 Minuten

Hauptgericht

Gemüsepuffer im Kürbiskernmantel (2 Portionen)

1 kleine Zucchini | 1 Karotte | 1 Ei | Salz | Pfeffer | 3 EL Haferflocken | 2 EL Mehl | 1 EL Semmelbrösel | 30 g Parmesan | 50 g Kürbiskerne | Öl, zum Braten | 1 Lauchzwiebel | 150 g Magerjoghurt | etwas Dill, frisch | 1 TL Zitronensaft

Die Zucchini waschen und den Stielansatz entfernen. Die Karotte waschen und schälen. Beides grob raspeln und in eine Schüssel geben. Ei, Gewürze, Haferflocken, Mehl und Semmelbrösel dazugeben und alles gründlich vermischen. Den Parmesan reiben und ebenfalls hinzufügen. Die Masse sollte formbar sein, gegebenenfalls zum Andicken Semmelbrösel hinzufügen.

Die Kürbiskerne grob hacken und in einem Teller bereitstellen. In einer Pfanne etwas Öl erhitzen. Mit den Händen aus der Masse kleine Puffer formen und in den gehackten Kürbiskernen wenden. Die Puffer in die heiße Pfanne geben und bei mäßiger Hitze pro Seite einige Minuten braten, bis die Kruste schön goldbraun ist.

Die Lauchzwiebel putzen, fein hacken, mit dem Joghurt vermischen und mit Salz, Pfeffer, Dill und Zitronensaft würzen. Die Joghurtsauce mit den heißen Puffern anrichten.

Zubereitungszeit etwa 30 Minuten

Tipp *Man kann die Puffer auch im Waffeleisen backen.*

Hauptgericht

Pilzpfanne mit Quinoa an Hagebuttensahne (1 Portion)

75 g Quinoa | 125 ml Gemüsebrühe | 25 g Pfifferlinge | 25 g Champignons | 1 kleine Zwiebel | 1 Lauchzwiebel | 1 EL Öl | Salz | Pfeffer | 50 g Sahne | 1 TL gekörnte Gemüsebrühe | 1 TL Hagebuttenkonfitüre | 1 EL Tomatenmark | Salz | Peffer | 1 TL Zitronensaft

Den Quinoa in der Gemüsebrühe 25 Minuten köcheln, dann in einem Sieb abtropfen lassen. Die Pilze gründlich putzen und je nach Größe halbieren oder vierteln. Die Zwiebel abziehen, halbieren und in feine Würfel schneiden, die Lauchzwiebel putzen und in ca. 3 Zentimeter lange Stücke schneiden.

Das Öl in einer Pfanne erhitzen und Zwiebelwürfel darin glasig dünsten. Pilze dazugeben und 5 Minuten anbraten. Dann die Lauchzwiebel dazugeben und kurz mitdünsten. Mit Salz und Pfeffer würzen. Den gegarten Quinoa dazugeben und kurz mitbraten.

Für die Hagebuttensahne die Sahne mit der gekörnten Brühe, der Hagebuttenkonfitüre und dem Tomatenmark in einem Topf unter Rühren langsam erhitzen. Sahne mit Salz, Pfeffer und Zitronensaft abschmecken und beim Anrichten über die Pilzpfanne geben.

Zubereitungszeit etwa 35 Minuten

Hauptgericht

Chicoréepfannkuchen mit Limburger (2 Portionen)

30 g Limburger (20% Fett i.Tr.) | 1 Ei | 50 g Magerquark | Pfeffer | 1 Prise Zucker | 1 Prise Salz | 2 EL Maiskörner | 100 g Weizenmehl | 100 ml Milch | 100 g Chicorée | 1 EL Butterschmalz

Den Limburger klein schneiden bzw. zerdrücken und mit dem Ei, dem Magerquark, Pfeffer, Zucker, Salz, Mais und Weizenmehl mit dem Handrührgerät gut verrühren. Langsam die Milch zugeben, bis der Teig zähflüssig ist.

Den Chicorée klein schneiden und in den Teig geben. Das Butterschmalz erwärmen und den Teig bei geringer Hitze ca. 25 Minuten in der Pfanne zugedeckt backen, bis er nach oben durchgegart ist.

Zubereitungszeit etwa 40 Minuten

Hauptgericht

Bulgur-Kichererbsen-Salat mit Pinienkernen (2 Portionen)

Salz | 50 g Bulgur | ½ Dose Kichererbsen | 50 g Tofu | 25 g Pinienkerne | 5 EL Olivenöl | 1 kleine Lauchzwiebel | ½ Bund Petersilie | ½ Bund Dill | ¼ Gurke | 1 EL Cranberrys, getrocknet | 1 EL Apfelessig | 1 TL Agavendicksaft | 1 TL Senf | 1 TL Limettensaft | Pfeffer

100 Milliliter Wasser mit etwas Salz aufkochen lassen, den Bulgur dazugeben und ca. 10 Minuten köcheln lassen, bis keine Flüssigkeit mehr im Topf ist. Die Kichererbsen über ein Sieb abschütten und gut abspülen. Den Tofu würfeln.

Die Pinienkerne in einer beschichteten Pfanne ohne Öl goldbraun rösten und auf einem Küchenkrepp abkühlen lassen. Danach in der Pfanne 3 Esslöffel Öl erhitzen, die Tofuwürfel darin knusprig braten und ebenfalls auf Küchenkrepp abkühlen lassen.

Die Lauchzwiebel putzen und fein schneiden. Petersilie und Dill abspülen und fein hacken. Die Gurke waschen, schälen und in kleine Würfel schneiden. Die Cranberrys halbieren.

Für die Salatsauce das restliche Olivenöl, Essig, den Agavendicksaft sowie Senf und Limettensaft in einer Salatschüssel gut verrühren und mit Salz und Pfeffer abschmecken. Danach alle anderen Zutaten zugeben und gründlich vermischen.

Zubereitungszeit etwa 25 Minuten

Hauptgericht

Veggie-Frikadellen mit Grünkern (1 Portion)

50 g Grünkern I 75 ml Gemüsebrühe I 2 EL Walnüsse I ½ große Zwiebel I 25 g Magerquark I 1 Ei I ½ Bund Petersilie I Salz I Pfeffer I 2 EL Öl

Den Grünkern für 3 bis 4 Stunden in der Gemüsebrühe einweichen lassen. Anschließend in der Brühe ca. 90 Minuten kochen, bis er weich ist (Dampftopf: 45 Minuten).

Inzwischen die Nüsse fein mahlen. Die Zwiebel abziehen und würfeln. Den gegarten Grünkern gut abtropfen lassen. Grünkern, Zwiebelwürfel, Nüsse, Quark und Ei in den Mixer geben und alles gut pürieren. Die Petersilie fein hacken, zum Teig geben und mit Salz und Pfeffer abschmecken.

Das Öl in einer Pfanne erhitzen. Aus dem Teig kleine Frikadellen formen und von beiden Seiten knusprig anbraten.

Zubereitungszeit etwa 120 Minuten + 3-4 Stunden Einweichzeit

Hauptgericht

Kräuter-Frischkäse-Cannelloni (1 Portion)

¼ rote Paprikaschote | 50 g Frischkäse, Magerstufe | 1 Ei | 1 TL gekörnte Gemüsebrühe | Salz | Pfeffer | 1 TL Oregano | 1 TL Thymian | ¼ Zwiebel | 1 Knoblauchzehe | 1 EL Olivenöl zum Anbraten | ½ Dose Tomaten | 3 Cannellonirollen, ungekocht | Fett für die Auflaufform | 50 g Mozzarella | einige Blätter Basilikum

Für die Füllung die Paprika waschen, den Strunk entfernen und die Paprika ganz fein würfeln. Den Frischkäse mit dem Ei und der gekörnten Brühe zu einer homogenen Masse verrühren. Mit Salz, Pfeffer und mit Oregano und Thymian abschmecken.

Die Zwiebel und den Knoblauch abziehen, fein hacken und in Olivenöl anbraten. Mit den Dosentomaten ablöschen. Mit Salz, Pfeffer abschmecken und 15 Minuten köcheln lassen.

Die Auflaufform einfetten. Die Cannelloni mithilfe eines kleinen Löffels mit der Frischkäsecreme befüllen und nebeneinander in einer Auflaufform aufreihen. Den Mozzarella in dünne Scheiben schneiden, die Tomatensauce über die Cannelloni geben und mit Mozzarella belegen. Den Ofen auf 180 °C vorheizen und die Cannelloni ca. 25 Minuten backen. Das Basilikum waschen und trockenschütteln.

Vor dem Servieren mit Basilikum garnieren.

Zubereitungszeit etwa 90 Minuten

Kleines Gericht

Burger mit gebratenen Auberginen (1 Portion)

½ kleine Aubergine | Olivenöl | ¼ Avocado | ½ Tomate | ½ Knoblauchzehe | 25 g Magerjoghurt | 1 TL Mayonnaise | 1 Spritzer Tabasco | Salz | Pfeffer | 1 Körnerbrötchen | 2 mittelgroße Salatblätter

Die Aubergine waschen, längs in Scheiben schneiden und in reichlich Öl von beiden Seiten goldbraun anbraten. Danach zur Seite stellen und 20 Minuten ruhen lassen.

Avocadoviertel schälen und in Scheiben schneiden. Die Tomate waschen, Strunk entfernen und ebenfalls in Scheiben schneiden.

Den Knoblauch abziehen und pressen oder sehr fein hacken, mit Joghurt, Mayonnaise, Tabasco, Salz und Pfeffer glatt rühren.

Das Brötchen halbieren und beide Brötchenhälften mit der Knoblauchcreme bestreichen. Eine Hälfte mit den Tomaten- und Avocadoscheiben belegen. Die andere Hälfte zuerst mit Salat, dann mit Auberginenscheiben belegen und mit der oberen Brötchenhälfte bedecken. Eventuell mit Holzspießchen zusammenstecken.

Zubereitungszeit etwa 45 Minuten

Tipp *Beim Halbieren der Avocado den Kern in der einen Hälfte lassen. Später die restliche Avocado mit Zitronensaft beträufeln und wieder »zusammensetzen«. So bleibt sie länger frisch.*

Kleines Gericht

Zwiebelsuppe nach italienischer Art (2 Portionen)

250 g weiße Zwiebeln, mild | 1 Karotte | 2 getrocknete Tomaten | 1 EL Olivenöl | 1 Knoblauchzehe | 200 g geschälte Tomaten (aus der Dose) | 300 ml Gemüsebrühe | Salz | Pfeffer, frisch gemahlen | 1 Eigelb | 2 EL Parmesan | 1 EL gehackte Petersilie

Die Zwiebeln abziehen und in dünne Scheiben schneiden. Die geschälte Karotte und die getrockneten Tomaten in kleine Würfel schneiden. Das Olivenöl erhitzen, die Zwiebeln und die Karotte anbraten, bis die Zwiebeln glasig sind. Anschließend die gewürfelten Tomaten und den klein gehackten Knoblauch unter Rühren zugeben und kurz andünsten.

Die Tomaten aus der Dose in einem Sieb abseihen. Die Tomaten zerdrücken und unter die Zwiebeln mischen. Die Gemüsebrühe aufgießen und Salz und Pfeffer dazugeben. Das Ganze kurz aufkochen und dann zugedeckt auf kleiner Flamme 60 Minuten lang garen.

Die Suppe vom Herd nehmen, das Eigelb verquirlen und unter Rühren hineingießen. Parmesan und Petersilie untermischen und abschließend mit etwas Salz und Pfeffer würzen.

Tipp Dazu passt getoastetes, mit Knoblauch abgeriebenes Bauernbrot.

Zubereitungszeit etwa 90 Minuten

Kleines Gericht

Mediterraner Aufstrich (2 Portionen)

40 g Feta (griechischer Schafskäse) | 40 g Frischkäse, Magerstufe | 1 Artischockenherz (aus der Dose) | 1 Knoblauchzehe | 2 getrocknete Tomaten in Öl | 1 EL Ajvar, scharf | 1 Messerspitze Chilipulver | Salz | Pfeffer | 1 EL getrockneter Rosmarin | 1 EL getrockneter Oregano

Den Feta mit etwas Lake mit der Gabel in einer Schüssel fein zerdrücken und mit dem Frischkäse verrühren. Artischockenherz, Knoblauch und Tomaten grob hacken und mit einem Pürierstab fein pürieren. Die Masse zum Käse geben und gut vermengen.

Mit Ajvar, Chilipulver, Salz, Pfeffer und Kräutern kräftig würzen. Mindestens 1 Stunde durchziehen lassen.

Tipp *Dazu passt ¼ türkisches Fladenbrot.*

Zubereitungszeit etwa 75 Minuten (davon 1 Stunde Kühlzeit)

Kleines Gericht

Birne gratiniert (1 Portion)

2 reife, aber nicht zu weiche Birnen | Fett für die Form | 1 cl Birnenlikör oder Birnenschnaps | 1 EL Zitronensaft | 75 g Blauschimmelkäse (nicht über 50% Fett i.Tr.) | Cayennepfeffer | Petersilie zum Dekorieren

Den Backofen auf 200 °C vorheizen. Die Birnen schälen, halbieren, die Kerngehäuse entfernen und jede Hälfte in drei Schnitze teilen. Die Auflaufform einfetten. Die Spalten in eine feuerfeste Form legen.

Birnenlikör oder Birnenschnaps mit dem Zitronensaft mischen und über die Birnenspalten träufeln. Den Edelschimmelkäse in Scheiben schneiden und auf die Birnenspalten legen.

Die Birnen ca. 5 Minuten überbacken, bis der Käse zu schmelzen beginnt. Danach mit Cayennepfeffer bestäuben und mit den Petersilienblättchen verziert servieren.

Tipp *Dazu passt frisches Toastbrot.*

Zubereitungszeit etwa 20 Minuten

Kleines Gericht

Rohkostsalat mit Frischkäse (1 Portion)

¼ Gurke | ½ Kohlrabi | ½ Apfel | 1 EL Frischkäse, Magerstufe | 1 TL Walnussöl | etwas Himbeeressig | Salz | Pfeffer | Zucker

Die Gurke heiß waschen und ein Viertel abschneiden. Den Kohlrabi schälen und halbieren. Den Apfel waschen, vierteln und das Kerngehäuse entfernen. Alle Zutaten raspeln und mit dem Frischkäse und dem Walnussöl vermengen. Mit Himbeeressig, Salz, Pfeffer und Zucker abschmecken.

Tipp *Dazu passt frisches Sauerteigbrot.*

Zubereitungszeit etwa 20 Minuten

Kleines Gericht

Vegetarische Leberwurst (2 Portionen)

1 kleine Zwiebel | 1 Knoblauchzehe | 1 EL Butter zum Anbraten | 50 g Haselnüsse, gehackt | 3 EL Hefeflocken | 1 Lorbeerblatt | 1 TL Majoran | 1 TL Thymian | 1 TL Gemüsebrühe | Pfeffer | 2 EL weiche Butter

Zwiebel und Knoblauchzehe abziehen, in sehr kleine Würfel schneiden und mit der Butter auf kleiner Flamme anbräunen. Die gehackten Haselnüsse mit den Hefeflocken, dem fein gehackten Lorbeerblatt, dem Majoran, dem Thymian, der Gemüsebrühe, Pfeffer und 3 Esslöffel Wasser dazugeben.

Die Zutaten glatt rühren und abkühlen lassen. Zum Schluss mit weicher Butter mischen und kühl stellen.

Tipp Dazu passt Walnussbrot.

Zubereitungszeit etwa 45 Minuten (davon 30 Minuten Kühlzeit)

Kleines Gericht

Carpaccio von der Tomate (1 Portion)

1 große Fleischtomate | 25 g Feta | 2 EL Hüttenkäse | etwas frischer Schnittlauch | etwas frische Petersilie | 1 TL Olivenöl | 1 EL Balsamicoessig | Salz | Pfeffer | 2 Lauchzwiebeln

Die Tomate waschen, den Strunk entfernen und in dünne Scheiben schneiden. Die Scheiben auf einem Teller fächerförmig drapieren. Den Feta in sehr kleine Würfel schneiden und mit dem Hüttenkäse und den Kräutern vermengen.

Für das Dressing Öl, Essig, Salz und Pfeffer vermengen und über die Tomaten gießen. Die Lauchzwiebeln waschen, in feine Ringe schneiden und ebenfalls über den Tomaten verteilen. Zuletzt die Käsemasse auf die Tomaten geben.

Tipp *Dazu passt frisches Baguette.*

Zubereitungszeit etwa 20 Minuten

8. Woche

Eine Woche ohne Zusatzstoffe

Verzichten Sie diese Woche auf sämtliche Zusatzstoffe wie Konservierungsstoffe, Farbstoffe, Süßstoffe oder Geschmacksverstärker. Was so einfach klingt, kann sich in der Praxis als recht schwierig erweisen. Schnell werden Sie nämlich bemerken, dass es fast unmöglich ist, im Supermarkt Nahrungsmittel ohne Zusatzstoffe zu finden. Da sich sehr viele Zusatzstoffe in unserer Nahrung verstecken, ist die folgende Weglassliste sehr lang. Doch keine Sorge: Statt beim Einkauf die Zutatenlisten auf den Packungen zu studieren – was durchaus interessant sein kann –, können Sie sich auch einfach an unsere Rezeptvorschläge halten.

Statt zu Tütensuppen, Tiefkühlprodukten, Konserven und Fertigdressings zu greifen, sollten Sie diese Woche einmal konsequent auf eine naturbelassene Ernährung setzen. Beobachten Sie, wie sich eine Ernährungsweise, die frei von Chemie ist, auf Ihren Körper, Ihre Energie und Ihre Stimmungen auswirkt. In dieser Woche müssen Sie ganz genau hinsehen und in sich hineinspüren, denn auch wenn die Auswirkungen einer ganz und gar naturbelassenen Nahrung manchmal erstaunlich sein können, sind sie oft nur subtil wahrnehmbar.

Zusatzstoffe: Die Weglassliste

Vermeiden Sie diese Woche:

- Instant-Produkte: Dazu gehören praktisch alle pulverisierten Produkte aus der Tüte oder dem Töpfchen für die schnelle Küche. Ebenso Mikrowellenmenüs, Fixprodukte, Instant-Saucen, Instant-Tee, -Kaffee usw.
- Fertigprodukte wie Dosenravioli, Dosensuppen, Tiefkühlpizza u.Ä.
- Light-Produkte: Sämtliche kalorienreduzierte Getränke und Speisen, die Süßstoffe, Zuckeraustauschstoffe, Aromen und/oder Stabilisatoren enthalten oder fettreduziert sind (auch das geht nicht ohne ausgefeilte Technik)
- Functional Food, das im Lebensmittellabor künstlich aufgepeppt wurde und Fitness verspricht. Dazu gehören pro- oder präbiotische Milchprodukte, Brot mit Omega-3-Fettsäuren, Multifunktionssäfte, ACE-Säfte, Margarine mit Pflanzensterolen, Süßigkeiten mit Inhaltsstoffen des Ginkgobaumes, Snacks und Drinks mit zusätzlichen Inhaltsstoffen wie Vitaminen, Isoflavonoiden, Lycopin, Katechinen, Resveratrol usw.
- Gentechnisch veränderte Nahrungsmittel wie transgene Tomaten oder Zucker aus genmanipulierten Zuckerrüben etc.

Achten Sie beim Einkauf insbesondere auf Zusätze, die mit »E« gekennzeichnet sind (davon gibt es in der Europäischen Union derzeit mehr als 300):

- Antioxidationsmittel wie Ascorbinsäure (E 300), Tocopherol (E 306), Gallate (E 310 bis 312) oder Butylhydroxytoluol BHA (E 321)
- Backtriebmittel wie E 363, E 450 bis 456, E 500 oder E 503
- Emulgatoren wie Lezithin (E 322)
- Farbstoffe wie Tartrazin (E 102), Lutein (E 161b) oder Beetenrot (E 162)
- Geschmacksverstärker wie Glutamate (E 621 bis 625)
- Konservierungsstoffe wie Sorbinsäure (E 200) und deren Salze (E 202 bis

E 203), Benzoesäure (E 210 bis 213), PHB-Ester und Verbindungen (E 214 bis 219), Schwefeldioxid und Sulfitverbindungen (E 221 bis 228)
- Nitrate und Nitritpökelsalze: Kaliumnitrat oder Salpeter (E 252)
- Phosphate wie Phosphorsäure (E 338) oder Monophosphate (E 339 bis 341)
- Verdickungsmittel wie Alginsäure, Alginate (E 400 bis 404) oder Agar-Agar (E 406)

Verzichten Sie ferner auf:
- Aromastoffe: Ob »künstlich«, »natürlich« oder »naturidentisch« – sie kommen alle aus dem Labor. Lediglich die Rohstoffe unterscheiden sich.
- Süßstoffe (wie Saccharin, Cyclamat, Aspartam) und Zuckeraustauschstoffe (wie Sorbit oder Mannit)
- Vitaminzusätze, beispielsweise mit Vitamin A, C, E oder Beta-Karotin

5 Tipps für die Woche ohne Zusatzstoffe

1. Kaufen Sie in erster Linie Grundnahrungsmittel wie frisches Obst, Gemüse, Getreide, Vollmilch, Naturjoghurt usw.
2. Wählen Sie immer die natürliche Variante – Naturquark statt Fruchtquark, frisches Gemüse statt Dosengemüse, echte Kräuter statt Kräuterdressing usw.
3. Kaufen Sie möglichst oft im Bio-Laden ein. Greifen Sie zu Produkten aus biologisch-dynamischem Anbau, zu Eiern aus Bodenhaltung und Fleisch aus artgerechter, ökologischer Tierhaltung.
4. Kochen Sie selbst, backen Sie selbst, würzen Sie selbst. Meiden Sie diese Woche Restaurants, Kantinen, Imbissstuben und Snackbars.
5. Studieren Sie beim Einkaufen die Zutatenlisten – je länger sie sind, desto wahrscheinlicher sind künstliche Zusatzstoffe enthalten.

Frühstück

Gebratener Eierreis (1 Portion)

3 Scheiben Ingwer | 1EL Öl | 4 EL gekochter Reis | ½ Bund Petersilie | 2 Eier | Salz | Pfeffer

Den Ingwer schälen, sehr fein hacken und mit Öl in einer Pfanne anbraten. Den Reis dazugeben und ebenfalls anbraten.

Die Petersilie waschen, trockenschütteln und klein hacken. Die Eier in einer Schüssel verquirlen und über den Reis geben. Beständig umrühren, bis das Ei gestockt ist. Mit Salz, Pfeffer und Petersilie würzen.

Zubereitungszeit etwa 10 Minuten

Frühstück

Quinoa mit Birne (1 Portion)

50 g Quinoa | 150 ml Milch | 1 Zimtstange | 1 Prise Salz | ½ Birne | 1 EL Sahnejoghurt | 1 EL Pistazien | 1 EL Ahornsirup

Den Quinoa in 150 Milliliter Wasser und der Milch mit der Zimtstange und einer Prise Salz ca. 20 Minuten weich kochen. Die Zimtstange herausnehmen.

Die Birne schälen, vom Kernhaus befreien und in dünne Scheiben schneiden.

Den Brei noch warm in eine Schüssel füllen, mit geschnittenen Birnen, einem Klacks Sahnejoghurt, Pistazien und Ahornsirup servieren.

Zubereitungszeit etwa 20 Minuten

Frühstück

Aprikosenporridge (1 Portion)

5–6 getrocknete Aprikosen, ungeschwefelt | 125 ml Orangensaft | ½ Zimtstange | ½ Tasse Haferflocken | 1 TL Akazienhonig | 1 EL Naturjoghurt

Die Aprikosen grob hacken und zusammen mit dem Orangensaft und der Zimtstange in einem kleinen Topf aufkochen. Alles ca. 5 Minuten köcheln lassen.

Die Zimtstange entfernen und die Haferflocken dazugeben. Nochmals 5 Minuten köcheln. Akazienhonig und Naturjoghurt darübergeben und servieren.

Zubereitungszeit etwa 20 Minuten

Frühstück

Apfelstrudelmüsli (1 Portion)

3 EL kernige Haferflocken | 1 EL gehackte Haselnüsse | 1 TL Butter | 1 säuerlicher Apfel (z. B. Boskop) | 1 TL Rohrzucker | Zimt | 1 EL Rosinen, ungeschwefelt | ⅛ l Milch | 1 TL Vanillezucker nach Rezept (siehe Seite 165)

Die Haferflocken und die gehackten Haselnüsse mit der Butter in einer Pfanne anrösten.

Den Apfel schälen, halbieren, das Gehäuse entfernen und das Fruchtfleisch dünn hobeln. Den gehobelten Apfel mit dem Rohrzucker, Zimt und Rosinen vorsichtig in einer Schüssel vermengen.

Die Apfelstrudelfüllung in eine Müslischale geben und die geröstete Haferflockenmischung darüberstreuen.

Die Milch mit dem Vanillezucker aufkochen und über das Apfelstrudelmüsli geben.

Zubereitungszeit etwa 20 Minuten

Frühstück

Pfirsichpfannkuchen (2 Portionen)

1 Ei | 1 Prise Salz | 1 EL Zucker | 50 g Mehl | 50 ml Milch | 1 EL Mineralwasser | 1 reifer Pfirsich | Butter zum Braten | 2 EL Sauerrahm

Das Ei mit dem Salz und dem Zucker mit einem Handrührgerät schaumig schlagen. Unter Rühren das Mehl einrieseln lassen. Die Milch und das Mineralwasser zugeben und weiterrühren.

Den Pfirsich schälen, indem man die Schale oben und unten kreuzförmig einritzt und den Pfirsich dann mit kochendem Wasser übergießt. Danach lässt sich die Schale einfach abziehen.

Den geschälten Pfirsich in kleine Stücke schneiden und zum Teig geben. Den Teig portionsweise mit Butter in der Pfanne ausbacken. Mit Sauerrahm servieren.

Zubereitungszeit etwa 30 Minuten

Frühstück

Himbeerbutter auf Brötchen (2 Portionen)

60 g Butter | 30 g Himbeeren | 1 TL Bio-Honig | 1 TL Vanillezucker nach Rezept (siehe Seite 165)

Die Butter aus dem Kühlschrank nehmen und weich werden lassen. Die Himbeeren und den Honig im Mixer pürieren. Himbeerpüree und Vanillezucker unter die Butter rühren. 20 Minuten kalt stellen.

Tipp Mit frischen Bio-Brötchen genießen.

Zubereitungszeit etwa 30 Minuten (davon 20 Minuten Kühlzeit)

Frühstück

Mangoquark auf Bio-Ciabatta (1 Portion)

¼ reife Mango | 1 TL Vanillezucker nach Rezept (siehe Seite 165) | 1 EL Speisequark (40 % Fett) | 2 Scheiben Bio-Ciabatta

Backofen auf 225 °C vorheizen.

Die Mango schälen, in grobe Stücke schneiden und mit einem Stabmixer pürieren. Mit dem Vanillezucker und dem Quark verrühren.

Das Bio-Ciabatta der Länge nach halbieren und im Backofen 2 bis 3 Minuten knusprig anrösten. Mit dem Mangoquark genießen.

Zubereitungszeit etwa 10 Minuten

Hauptgericht

Gedämpfter Kabeljau mit Orangensauce (1 Portion)

1 Kabeljaufilet (frisch oder TK) | Salz | Pfeffer | 1 Zweig Bohnenkraut
Sauce: 1 EL Rohrzucker | 125 ml Orangensaft, frisch gepresst | 1 EL Rotwein | 50 g Butter, in eiskalten Flöckchen | Salz | Pfeffer

Kabeljaufilet gegebenenfalls auftauen lassen. Mit Pfeffer und Salz bestreuen. In einen Topf mit Dämpfeinsatz nur so viel Wasser einfüllen, dass der Dämpfeinsatz nicht unter Wasser steht. Den Fisch auf den Einsatz geben, Bohnenkraut darauflegen und bei geschlossenem Deckel ca. 20 Minuten dämpfen.

In der Zwischenzeit die Sauce bereiten. Dazu Zucker in einem kleinen Topf karamellisieren lassen, Orangensaft und Rotwein zugeben. Durch Einkochen auf die Hälfte reduzieren, dann eiskalte Butterflöckchen mit einem Schneebesen untermischen. Mit Salz und Pfeffer abschmecken und zusammen mit dem Fisch servieren.

Tipp Dazu passen Salzkartoffeln.

Zubereitungszeit etwa 30 Minuten

Hauptgericht

Grüne Erbsenreibekuchen mit Meerrettichsahne und Räucherlachs

(2 Portionen)

50 g getrocknete Erbsen | 50 g saure Sahne | 50 g Kartoffeln | ½ kleine Zwiebel | 1 Ei | Salz | Pfeffer | 1 Msp. Muskat | 1 TL Thymian, getrocknet | 50 ml Öl | 50 g Schmand | 1 TL fein geriebener Meerrettich | 1 Messerspitze Senf (Bio-Qualität, ohne Konservierungsstoffe und Verdickungsmittel) | Saft einer ½ Limette | 1 TL Zucker | 100 g Räucherlachs | 1 EL Dill, frisch

Die Erbsen über Nacht einweichen. Am nächsten Tag abgießen und mit der sauren Sahne in einem hohen Gefäß pürieren. Die Kartoffeln schälen, fein reiben und leicht auspressen.

Den Backofen auf 100 °C vorheizen. Die Zwiebel abziehen und in feine Würfel schneiden. Kartoffeln, Zwiebeln und das Ei unter die Erbsenmasse heben, kräftig salzen und pfeffern und mit Muskat und Thymian würzen. Jeweils 2 bis 3 Esslöffel der Erbsen-Kartoffel-Masse in eine Pfanne geben und daraus in reichlich Öl knusprige Reibekuchen ausbacken. Reibekuchen im Backofen warm halten.

Für die Meerrettichsauce den Schmand mit Meerrettich, Senf und dem Saft der Limette verrühren und mit Salz und Zucker abschmecken. Die Erbsenreibekuchen mit Meerrettichsahne und Räucherlachs auf Tellern anrichten und mit Dill garnieren.

Zubereitungszeit etwa 45 Minuten + Einweichzeit für die Erbsen

Hauptgericht

Camembert in Salbeipanade (1 Portion)

4 Walnüsse | 3 Blättchen Salbei | 3 EL Paniermehl | 1 Eigelb | 1 kleiner Bio-Camembert | 3 EL Rapskernöl zum Braten (Bio-Qualität)

Die Walnüsse ganz fein hacken. Die Salbeiblätter abbrausen, trockentupfen, fein schneiden und mit den Nüssen und dem Paniermehl gut vermischen. Das Eigelb verquirlen. Die Camemberthälften darin zunächst wenden, anschließend panieren.

Das Öl erhitzen und die panierten Camemberthälften von beiden Seiten ca. 5 Minuten ausbacken.

Tipp *Dazu passt frisches Bio-Vollkorntoastbrot.*

Zubereitungszeit etwa 30 Minuten

Hauptgericht

Kräuterbandnudeln (1 Portion)

100 g breite Bandnudeln | Meersalz | 1 Knoblauchzehe | 1 Bund glatte Petersilie | 1 EL Pflanzenöl | Salz | Pfeffer | 2 kleine Zwiebeln | 50 g Cherrytomaten | 1 EL Öl zum Anbraten

Nudeln in Salzwasser nach Packungsanweisung bissfest kochen. Knoblauchzehen abziehen und zerdrücken. Petersilie waschen, trockenschütteln und klein hacken. Knoblauch, Petersilie und Öl miteinander fein pürieren und mit Salz und Pfeffer würzen.

Die Zwiebeln abziehen und würfeln. Die Cherrytomaten waschen und halbieren. Beides in Öl anbraten. Die Nudeln abgießen und zu den angebratenen Zwiebeln und Tomaten in die Pfanne geben. Die Petersiliensauce untermischen und servieren.

Zubereitungszeit etwa 30 Minuten

Hauptgericht

Kürbispfanne mit Saisongemüse (2 Portionen)

200 g Kürbis | 2 Lauchzwiebeln | 1 kleine Karotte | ½ kleine Zucchini | Pflanzenöl zum Anbraten | ⅛ l Gemüsebrühe, hefefrei oder nach Rezept (siehe Seite 167) | 1 EL Crème fraîche | 1 TL Kürbiskernöl | 1 TL Sojasauce (Bio-Qualität) | 1 TL Zitronensaft | 1 TL Zucker | Cayennepfeffer | Salz

Den Kürbis schälen und in kleine Stücke schneiden. Das restliche Gemüse waschen, putzen und in gleichmäßige Stücke schneiden. Die Karotte hat die längste Garzeit und sollte deshalb am kleinsten geschnitten sein. Das Öl in einer großen Pfanne erhitzen und das Gemüse einige Minuten scharf anbraten, dabei gut umrühren, damit nichts anbrennt. Mit der Brühe ablöschen und einige Minuten köcheln lassen, bis das Gemüse gerade bissfest ist.

Die Pfanne vom Herd nehmen und Crème fraîche, Kürbiskernöl, Sojasauce, Zitronensaft und Zucker zugeben. Mit Salz und Cayennepfeffer abschmecken.

Zubereitungszeit etwa 50 Minuten

Tipp *Bei der Sojasauce ist darauf zu achten, dass in der Zutatenliste nur Wasser, Sojabohnen, Weizen und Salz enthalten sind. Dazu passt Langkorn- oder Basmatireis.*

Hauptgericht

Rote Bete mit gebackenem Maisgrieß (2 Portionen, Foto Seite 153)

100 g Maisgrieß | 25 g frisch geriebener Pecorino-Käse | 100 ml Milch | 100 ml Gemüsebrühe, hefefrei, oder nach Rezept (siehe Seite 167) | Öl für das Blech | 125 g Rote Bete | 125 g Karotten | ½ rote Zwiebel | 2 Kardamomkapseln | 1 EL Sonnenblumenöl (Bio-Qualität) | Salz | frisch gemahlener Pfeffer | 1 Prise Zimt | 1 Prise frisch gemahlene Muskatnuss | 10 g Butter | etwas Schnittlauch | 25 g Crème fraîche

Den Maisgrieß mit dem Käse mischen. Milch mit 50 Milliliter Brühe aufkochen. Den Grieß unter Rühren einrieseln lassen und bei kleiner Hitze etwa 15 Minuten garen, dabei oft umrühren. Den Maisbrei vom Herd nehmen und weitere 15 Minuten ausquellen lassen. Ein Backblech mit dem Öl fetten. Den Maisbrei darauf ausstreichen und abkühlen lassen.

Rote Bete und Karotten schälen und abspülen. Rote Bete in Spalten schneiden. Zum Schneiden der Roten Bete möglichst Einmal-Handschuhe tragen. Karotten schräg in Scheiben schneiden. Zwiebel abziehen und grob zerkleinern. Die Kardamomkapseln aufbrechen, die Kerne herausnehmen und in einer Pfanne ohne Fett unter Rühren anrösten. Kerne im Mörser zerstoßen oder mit einer breiten Messerklinge zerdrücken.

Die Rote Bete, die Karotten und Zwiebeln im heißen Sonnenblumenöl kurz andünsten. Mit Salz, Pfeffer, Kardamom, Zimt und Muskatnuss würzen. Die restliche Brühe zugießen, aufkochen und bei kleiner Hitze im geschlossenen Topf 20 Minuten schmoren.

Den Backofen auf 180 °C vorheizen.

Den Maisbrei auf dem Blech in Rauten schneiden. Die Butter zerlassen und darübergeben. Die Maisschnitten im vorgeheizten Backofen bei etwa 180 °C 15 Minuten backen.

Den Schnittlauch abspülen, trockenschütteln und in Röllchen schneiden. Die Crème fraîche in das Ragout rühren, noch einmal abschmecken und mit dem Schnittlauch bestreuen. Mit den Maisschnitten servieren.

Zubereitungszeit etwa 90 Minuten

Hauptgericht

Hähnchenbrust mit Artischocken und Spinat (2 Portionen)

2 Hähnchenbrustfilets mit Haut (Bio-Qualität) | 1 Schalotte | 1 Knoblauchzehe | 1 EL Butterschmalz | 1 Zweig Rosmarin | 1 EL Balsamicoessig | 1 EL Honig | 125 ml Gemüsebrühe, hefefrei oder nach Rezept (siehe Seite 167) | 4 EL Rotwein | 1 Dose Artischockenherzen | 150 g Zuckerschoten | 150 g frischer Spinat (oder TK-Blattspinat) | Salz | frisch gemahlener Pfeffer | ½ TL Brühe, hefefrei (siehe Seite 167) | 1 EL Olivenöl

Die Hähnchenfilets abspülen, trockentupfen und längs halbieren. Schalotte und Knoblauch abziehen und fein hacken. Die Schalotte und den Knoblauch im Butterschmalz bei mittlerer Hitze andünsten. Die Hähnchenfilets dazugeben und von beiden Seiten anbraten.

Den Rosmarin, Essig, Honig, Brühe und Rotwein hinzufügen und in der geschlossenen Pfanne etwa 25 Minuten schmoren. Die Artischocken abtropfen lassen und halbieren. Die Zuckerschoten und den Spinat putzen, abspülen und trockentupfen. Zuckerschoten halbieren, große Spinatblätter in mundgerechte Stücke zupfen.

Das Fleisch aus der Pfanne nehmen und warm stellen. Die Sauce sämig einkochen lassen. Mit Salz, Pfeffer und Brühe abschmecken. Artischocken und Zuckerschoten in heißem Olivenöl andünsten. Mit dem Spinat mischen. Hähnchenfilets in Scheiben schneiden und mit dem Gemüse und der Sauce anrichten.

Zubereitungszeit etwa 1 Stunde 10 Minuten

Eine Woche ohne Zusatzstoffe – kleine Gerichte

Kleines Gericht

Salat von Wildkräutern mit Lammfilet (1 Portion)

1 Lammfilet (Bio-Qualität) | 1 Msp. Currypulver | Salz | Pfeffer | 1 EL Arganöl | 1 EL Granatapfelessig | 1 Spritzer Zitronensaft | 1 TL Akazienhonig | 1 TL Dijonsenf | 1 EL Olivenöl | 1 violette Möhre | etwas Olivenöl zum Braten | je 1 TL Korianderkörner und Sesamsamen | ¼ Granatapfel | 2 Handvoll Wildkräuter

Das Lamm am besten am Vortag einlegen: Das Currypulver, Salz und Pfeffer in das Arganöl einrühren und in einen Gefrierbeutel geben. Das Lammfilet dazugeben, gut mit dem Gewürzöl einreiben und über Nacht im Kühlschrank marinieren lassen.

Für das Salatdressing Essig, Zitronensaft, Honig, Senf, Salz und Pfeffer in ein hohes Gefäß geben und mit dem Pürierstab gut durchmixen, dann das Olivenöl eingießen und aufmixen. Die Möhre schälen und in schräge Scheiben schneiden.

Etwas Olivenöl in einer Pfanne erhitzen und die Korianderkörner und Sesamsamen darin anrösten, bis sie zu duften und zu springen anfangen. Dann die Möhrenscheiben dazugeben und ca. 5 Minuten mitrösten. Herausnehmen und gegebenenfalls warm stellen.

In einer zweiten Pfanne etwas Öl erhitzen und die Lammfilets von beiden Seiten bei starker Hitze darin anbraten. Danach das Fleisch in Alufolie wickeln und ca. 5 Minuten ruhen lassen. Anschließend das Fleisch in mundgerechte Stücke aufschneiden. Die Granatapfelkerne auslösen.

Die Wildkräuter waschen, vorsichtig trockenschütteln und in eine Salatschüssel geben. Das Dressing unter den Salat heben und mit dem Fleisch, den Möhren und den Granatapfelkernen servieren.

Tipp *Dazu passt lauwarmes Fladenbrot.*

Zubereitungszeit etwa 30 Minuten, Marinierzeit 1 Tag

Kleines Gericht

Bio-Bauernbrot mit Avocadoaufstrich
(1 Portion)

1–2 Scheiben Bio-Bauernbrot | ¼ weiche Avocado | ½ Tomate | ⅛ Gurke | Kräutersalz | Pfeffer | Zitronensaft | etwas Gartenkresse

Die Avocado vierteln, den Kern entfernen und mit einem kleinen Löffel das Fruchtfleisch aus der Schale herausschaben. Die Brotscheiben mit dem weichen Avocadofruchtfleisch bestreichen. Die Tomate waschen, halbieren und in dünne Scheiben schneiden. Die Gurke schälen und in dünne Scheiben schneiden. Das Brot mit kleinen Tomaten- und Gurkenstücken belegen. Mit Kräutersalz, Pfeffer und einigen Tropfen Zitronensaft würzen und mit Kresse bestreuen.

Zubereitungszeit etwa 10 Minuten

Kleines Gericht

Blitzschneller Puten-Waldorfsalat
(2 Portionen)

100 g Putenbrustfilet (Bio-Qualität) | 1 TL Gemüsebrühe, hefefrei, oder nach Rezept (siehe Seite 167) | Pfefferkörner | Lorbeer | Nelke | ¼ Apfel | 1 Stange Sellerie | einige Blätter Salat | Meersalz | schwarzer Pfeffer aus der Mühle | 1 TL weißer Balsamicoessig | 1 TL Walnussöl | 1 Spritzer Zitronensaft | 3 Walnusskerne

Das Putenbrustfilet in etwa einem halben Liter Gemüsebrühe zusammen mit Pfefferkörnern, Lorbeer und Nelke 4 Minuten von jeder Seite garen, herausnehmen und abkühlen lassen. Dann in feine Streifen oder mundgerechte Stücke schneiden.

Den Apfel sehr fein schneiden. Den Sellerie waschen, putzen und in feine Stücke schneiden oder hobeln.

Das zerkleinerte Putenfleisch, den Apfel, den Sellerie und ein paar Salatblätter in eine große Schüssel geben. Salzen, pfeffern, Essig und Öl zugeben. Mit Zitronensaft abschmecken. Die Nüsse halbieren, ohne Öl in einer Pfanne anrösten und darüberstreuen.

Zubereitungszeit etwa 20 Minuten

Kleines Gericht

Ingwer-Pastinaken-Suppe (2 Portionen)

1 Karotte | 300 g Pastinaken | 1 EL Ingwer | 1 kleine Knoblauchzehe | ½ kleine Zwiebel | ½ Stange Lauch | 1 TL Olivenöl | Schale von ¼ Orange (Bio-Qualität) | ¼ l Gemüsebrühe, hefefrei oder nach Rezept (siehe Seite 167) | 100 ml Orangensaft | Salz | Pfeffer | Schnittlauch oder Lauchzwiebeln zum Bestreuen

Die Karotte und die Pastinaken schälen und würfeln. Ingwer schälen und fein reiben, Knoblauch abziehen und fein aufschneiden. Die Zwiebel abziehen und würfeln, den Lauch waschen und in Ringe schneiden. Das Öl bei mittlerer Hitze in einem großen Topf erwärmen. Darin Zwiebeln und Lauch etwa 5 Minuten andünsten.

Karotte, Pastinaken, Ingwer, Knoblauch, Orangenschale und Brühe zugeben. Kurz aufkochen. Bei reduzierter Hitze und geschlossenem Deckel ca. 40 Minuten köcheln. Gelegentlich umrühren.

Suppe etwas abkühlen lassen, dann im Mixer oder mit dem Pürierstab glatt pürieren. Danach den Orangensaft einrühren. Ist die Suppe zu dickflüssig, weiteren Saft oder Brühe zugeben. Mit Salz und Pfeffer abschmecken. Bei geringer Hitze etwa 10 Minuten leicht köcheln lassen. Schnittlauch oder Lauchzwiebeln waschen, putzen und in kleine Röllchen schneiden. Auf vorgewärmte Teller füllen, mit Schnittlauch oder Lauchzwiebeln garnieren und servieren.

Zubereitungszeit etwa 45 Minuten

Kleines Gericht

Marinierte Krabbenspieße mit Mozzarella
(2 Portionen)

¼ Salatgurke | 3 EL Rapskernöl (Bio-Qualität) | 1 Knoblauchzehe | 6 Königscrevetten | 4 Cherrytomaten | 8 Mini-Mozzarellakugeln | ¼ gelbe Paprikaschote (Bio-Qualität) | ¼ kleine Avocado | Saft von 1 Zitrone | ½ rote Zwiebel | Salz | Pfeffer | 3 EL gehackte, gemischte Kräuter (Petersilie, Majoran)

Die Gurke schälen, längs halbieren und in fingerdicke Scheiben schneiden. 1 Esslöffel Rapskernöl erhitzen. Den Knoblauch abziehen, fein hacken und darin anschwitzen. In dem heißen Knoblauchöl die Königscrevetten von jeder Seite 1 Minute lang braten. Cherrytomaten waschen und trockentupfen, Mini-Mozzarellakugeln abtropfen lassen.

Die Paprika waschen, zerteilen, die Kerne und die weißen Trennwände entfernen und das Fruchtfleisch in kleine Stücke schneiden. Die Avocado zerteilen, ein Viertel schälen, in Stücke schneiden und sofort mit etwas Zitronensaft beträufeln.

Alle Zutaten abwechselnd auf 4 Spieße stecken. Die Zwiebel abziehen und fein würfeln, mit dem Rapskernöl, dem übrigen Zitronensaft, Salz, Pfeffer und den Kräutern verrühren und über die Spieße träufeln. Die Spieße in der Marinade ca. 60 Minuten gut durchziehen lassen, dabei mehrmals wenden.

Zubereitungszeit etwa 90 Minuten (davon 60 Minuten Marinierzeit)

Kleines Gericht

Kohlrabisuppe mit Vollkorn-Knusperstücken (2 Portionen)

1 Zwiebel | 1 Knoblauchzehe | 1 Kohlrabi | 1 kleine Zucchini | 1 TL Öl | Salz | Pfeffer | 350 ml Gemüsebrühe, hefefrei oder nach Rezept (siehe Seite 167) | 1 Scheibe Vollkornbrot | 5 g Butter | 1 EL Sauerrahm | 1 Prise Zucker | geriebene Muskatnuss | ¼ Beet Kresse

Zwiebel und Knoblauch abziehen und fein würfeln. Kohlrabi schälen, waschen und fein würfeln. Zucchini waschen und fein würfeln. Öl in einem Topf erhitzen, Zwiebel und Knoblauch darin andünsten. Das Gemüse hinzufügen und kurz mit andünsten. Mit Salz und Pfeffer würzen.

Mit Brühe ablöschen, aufkochen und zugedeckt ca. 12 Minuten garen. Inzwischen Brot in kleine Würfel schneiden. Butter in einer kleinen Pfanne schmelzen. Brotwürfel zufügen und unter Wenden darin bei schwacher Hitze rösten. Aus der Pfanne nehmen.

1 Esslöffel Gemüsewürfel aus der Brühe heben, abtropfen lassen. Restliches Gemüse in der Brühe fein pürieren. Sauerrahm unterrühren, nochmals mit Salz, Pfeffer, Zucker und Muskat abschmecken. Die Kresse mit einer Schere abschneiden. In Schälchen mit Gemüsewürfeln, Brotwürfeln und Kresse anrichten.

Zubereitungszeit etwa 30 Minuten

Kleines Gericht

Melonensalat mit Ziegenkäse (1 Portion)

1 Lauchzwiebel | 50 g Salatgurke | ¼ gelbe Paprikaschote (Bio-Qualität) | Salz | 1 reife Aprikose | Saft von ½ Orange | Saft von ½ Limette | 1 TL weißer Balsamicoessig | 1 TL Senf (Bio-Qualität ohne Konservierungsstoffe und Verdickungsmittel) | 1 EL Naturjoghurt | Cayennepfeffer | 100 g Wassermelone | einige Blätter Basilikum | 2–3 Ziegenfrischkäsetaler | 1 EL Pinienkerne, geröstet | ¼ Beet Kresse

Die Lauchzwiebel waschen, abziehen und in Röllchen schneiden. Gurke schälen und in Streifen schneiden. Paprika waschen, entkernen und in Streifen schneiden. Lauchzwiebelröllchen, Gurken- und Paprikastreifen mischen und salzen. Aprikose waschen, entkernen, klein schneiden. Mit Orangen- und Limettensaft, Essig, Senf und Joghurt verrühren. Mit Cayennepfeffer und Salz pikant abschmecken.

Melone schälen und in Scheiben schneiden. Melonenscheiben auf einem großen Teller verteilen. Basilikum waschen, trockenschütteln und in Streifen schneiden. Lauchzwiebel, Gurke, Paprika, Basilikumstreifen und Käsetaler darauf anrichten und mit Salatsauce beträufeln. Pinienkerne und Kresse darüberstreuen.

Zubereitungszeit etwa 40 Minuten

Rezept für Vanillezucker

Für einige der oben genannten Rezepte benötigen Sie Vanillezucker. Um auszuschließen, dass sich über den Vanillezucker Zusatzstoffe in die Rezepte schleichen, empfehlen wir Ihnen, den Vanillezucker selbst zuzubereiten:

500 g Zucker | 1 luftdicht verschließbares Glas (Einmachglas) | 2 Bourbon-Vanilleschoten

Den Zucker in das Glas füllen. Die Vanilleschoten längs halbieren. Mit der stumpfen Seite eines flachen, biegsamen Messers das Mark aus den Schotenhälften kratzen und zu dem Zucker geben. Den Zucker kräftig umrühren, damit sich das Vanillemark gleichmäßig darin verteilt. Die ausgekratzten Schoten ebenfalls zum Zucker geben und das Glas fest verschließen.

Zubereitungszeit etwa 15 Minuten

Gemüsebrühpulver ohne Zusatzstoffe

Für viele der oben genannten Rezepte wird Gemüsebrühe benötigt, doch die meisten dieser industriell hergestellten Produkte enthalten Zusatzstoffe wie Geschmacksverstärker, Hefeextrakt oder Natriumglutamat. Zusatzfreie Alternativen sind nur schwer zu finden. Allerdings gibt es auch die Möglichkeit, Gemüsebrühe selbst zuzubereiten. Für alle, die den Aufwand nicht scheuen und ganz genau wissen wollen, was auf ihrem Teller landet, empfehlen wir folgendes Rezept:

700 g Karotten | 300 g Lauch | 200 g Zwiebeln | 250 g Knollensellerie | 200 g Stangensellerie | 400 g Brokkoli | 120 g Petersilienwurzeln | 350 g rote Paprika (2 Stück) | 20–25 g getrocknete Tomaten | 5 frische Lorbeerblätter ohne Blattrispe, etwas klein schneiden | 50 g Petersilie mit Stängeln | 2–3 große Knoblauchzehen | 220 g Meersalz | 2 EL Liebstöckel, getrocknet

Das Gemüse putzen und gegebenenfalls schälen. Alles klein schneiden und mit einem Zerkleinerer portionsweise fein pürieren. Die getrockneten Tomaten von Hand klein hacken und untermischen. Die Gemüsepaste auf drei Backbleche mit Backpapier streichen und 2 Stunden bei 80 °C Umluft trocknen. Dann weitere 9 bis 10 Stunden bei 50 °C trocknen. Dabei die Ofentür einen ganz kleinen Spalt offen lassen, um die Feuchtigkeit entweichen zu lassen. Die getrocknete Masse im Zerkleinerer mit dem Meersalz und Liebstöckel pulverisieren.

Zubereitungszeit etwa 13 Stunden (davon 12 Stunden Trockenzeit)

Über die Autoren

Ronald Schweppe ist in Funk und Fernsehen als Experte für alternative Heilmethoden bekannt und erfolgreicher Autor zahlreicher Ratgeber. Er machte eine Ausbildung in NLP und beschäftigt sich seit vielen Jahren mit fernöstlicher Philosophie und Zen-Buddhismus. Er lebt mit seiner Frau und seinen drei Kindern in München. Zusammen mit Julia Bollwein gründete er das Institut für Achtsames Essen.

Julia Bollwein ist Diplom-Ökotrophologin und arbeitet in der Ernährungsforschung und -lehre. Als Coach für Personale Integration tritt sie mit ihrem Portal »Gesunde Ernährung für Dich« für ein eigenverantwortliches, achtsames und genussvolles Essverhalten ein.

Literatur und nützliche Adressen

Brandl, F.: *Best of Cocktails - ohne Alkohol* (Südwest-Verlag, München 2012)

Dittmer, D.: *Hauptsache vegetarisch!* (Südwest-Verlag, München 2012)

Hark, A.; Deen, D.: *Neue Vollkornküche* (Dorling Kindersley, München 2007)

Jochims, I.: *Süchtig nach Süßem* (Kneipp Verlag, Bad Wörishofen 2008)

Kügler-Anger, H.: *Milchfrei und schnell gekocht* (Pala-Verlag, Darmstadt 2007)

Leitzmann, C.; Million, H.: *Vollwertküche für Genießer* (Bassermann, München 2003)

Oberbeil, K.: *Die Zuckerfalle* (Goldmann Verlag, München 2007)

Schmitt, B.: *Köstlich essen ohne Milch und Ei* (Trias, Stuttgart 2005)

Schweppe, R.: *Schlank durch Achtsamkeit – Durch inneres Gleichgewicht zum Idealgewicht* (Systemed-Verlag, Lünen 2011)

Schweppe, R.; Long, A.: *Die Minus-1-Diät – Freier und leichter werden mit der Achtsamkeitsformel* (Südwest-Verlag, München 2011)

Schweppe, R.: *Achtsam abnehmen – 33 Methoden für jeden Tag* (Systemed-Verlag, Lünen 2013)

www.achtsam-abnehmen.de
www.institut-fuer-achtsames-essen.de
www.facebook.com/minus.1.diaet
www.randomhouse.de/südwest

Rezeptregister

Apfel-Ingwerspaghetti 37
Apfel-Karotten-Frühstück mit geröstetem Walnussbrot 30
Apfelküchlein vom Blech, Schnelle 109
Apfelstrudelmüsli 140
Apfeltraum 100
Aprikosenporridge 138
Aufstrich, Mediterraner 126
Avocadoaufstrich, Bio-Bauernbrot mit 158

Bananen-Blaubeersmoothie 33
Bircher Müsli 26
Birne gratiniert 127
Blue Tonic 98
Brokkoliquiche 73
Brotaufstrich, Pikanter 107
Buchweizenfrühstück mit Schafskäse 114
Bulgur-Kichererbsen-Salat mit Pinienkernen 120
Burger mit gebratenen Auberginen 124

Camembert in Salbei-Panade 147
Carpaccio von der Tomate 131
Champignonomelett mit Schafskäse 28
Chicoréepfannkuchen mit Limburger 119
Chinakohlgemüse, Schnelles 35
Cranberry-Traubencocktail 100

Dinkelporridge mit Himbeeren 66
Durstlöscher 103

Ei im Glas mit gekochter Kartoffel 31
Eierreis, Gebratener 136
Erbsenreibekuchen mit Meerettichsahne und Räucherlachs 146
Erdbeerlimonate 103

Fitnesssalat mit Putenstreifen 77
French Toast mit Käse, Herzhafter 27
Frikadellen, Veggie mit Grünkern 121
Frischkäse mit Cashewnüssen 33

Gemüse nach italienischer Art, Gegrilltes 85
Gemüsebrühpulver ohne Zusatzstoffe 167
Gemüsepuffer im Kürbiskernmantel 116
Ginger-Tonic 103

Hähnchenbrust mit Artischocken und Spinat 154
Hähnchenrouladen, Mediterrane 38
Herzhafter French Toast mit Käse 27
Himbeerbutter auf Brötchen 142
Himbeerfrühstück, Himmlisches 111
Himbeersoda 101
Hirsegranulat mit Ananas 68

Ingwer-Pastinaken-Suppe 161
Italienischer Bohnensalat 80

Kabeljau mit Orangensauce, Gedämpfter 145
Kohlrabisuppe mit Vollkorn-Knusperstücken 163
Krabbenschmand auf Brot 42
Krabbenspieße mit Mozzarella, Marinierte 162
Kräuterbandnudeln 148

Rezeptregister

Kräuter-Frischkäse-Cannelloni 122
Kürbiskern-Vollkornbrot mit würzigem Sojaaufstrich 64
Kürbispfanne mit Saisongemüse 150

Lachssuppe mit Lauch und Kartoffeln 43
Lammfilet, Salat von Wildkräutern mit 156
Leberwurst, Vegetarische 129
Linguine alla puttanesca 75
Linsen-Bolognese, Spaghetti mit 115
Linsensuppe mit Kokos 84

Mangoquark auf Bio-Ciabatta 143
Maisgrieß, Rote Bete mit gebackenem 151
Melonensalat mit Ziegenkäse 164
Mexican Breakfast 110
Milchfreie Spinatspätzle mit Tomatensalat 70

Nuss-Möhren-Creme 67

Obatzda, Bayerischer 46
Obstsalat auf Mascarponewölkchen 108
Obstsalat, Exotischer 87

Paprika-Kartoffel-Ragout 74
Pellkartoffeln mit Dips 42
Pekinggemüse, Gebratenes 112
Pesce aglio olio 78
Pfannkuchen mit Hafermilch 63
Pfirsichpfannkuchen 141
Pilzpfanne mit Quinoa an Hagebuttensahne 118
Puten-Waldorfsalat, Blitzschneller 159

Quinoa mit Birne 137

Reisbrei mit Pfirsich 69
Risotto mit Kopfsalat und Morcheln 36
Rohkostsalat mit Frischkäse 128
Rote Bete mit gebackenem Maisgrieß 151
Rotkrautsalat mit gerösteten Kürbiskernen 47
Rührei mit Krabben 84

Saatenvollkornbrot, Schnelles 94
Salat mit Kräuterrolle 48
Salat von Wildkräutern mit Lammfilet 156
Sojaaufstrich, mit würzigem Kürbiskern-Vollkornbrot 64
Sojamüsli mit Früchten 65
Spaghetti mit Linsen-Bolognese 115
Spinat-Dinkel-Auflauf 34
Spinatspätzle mit Tomatensalat, Milchfreie 70

Tofucurry 72
Tofu-Scramble 83
Tomaten mit Schinken und Parmesan, Gefüllte 41
Tomatencrostini 44
Tonic Flip 98

Vanillezucker 165
Vollkornbrot Grundrezept 93

Zitroneneistee 101
Zucchini mit Fleischfüllung und Bacon 40
Zwiebelsuppe nach Bäckerinnenart 79
Zwiebelsuppe nach italienischer Art 125

Zutatenregister

Ajvar 74, 126
Ananas 68, 98
Apfel 26, 30, 37,
 100, 108, 109, 128,
 140, 159
Apfelmus 63
Aprikose 138, 164
Artischockenherzen
 126, 154
Aubergine 124
Avocado 124, 158,
 162

Banane 26, 33, 65, 98
Beeren 108
Birne 108, 127, 137
Blattspinat 34
Blaubeeren 33
Blauschimmelkäse
 42, 127
Bohnen 80
Bohnenmus 110
Bratwurst 40
Brezen 46
Brokkoli 73, 167
Buchweizen 114
Bulgur 120

Camembert 147
Champignons 28,
 77, 85, 112, 118
Cherrytomaten
 44, 148, 162
Chicorée 119
Chinakohl 35
Cranberrys 100,
 120
Crevetten 162

Erbsen 146
Erdbeeren 103

Fenchel 72
Feta 126, 131
Fischfilet 78
Fleischtomate 131
Frischkäse 33, 122,
 126, 128
Frühstücksspeck 40

Gouda 27, 110
Granatapfel 156
Grünkern 121
Guacamole 110
Gurke 77, 114, 120,
 128, 158, 162, 164

Hackfleisch 35
Haferflocken 26,
 111, 116, 138, 140
Hafermilch 63
Hähnchen 38, 154
Haselnüsse 26, 65,
 129, 140
Himbeeren 66, 111,
 142
Hirseflocken 68
Hüttenkäse 131

Ingwer 37, 82, 136,
 161

Joghurt 33, 111, 164

Kabeljaufilet 145
Kaki 87
Kapern 75, 85
Karotten 30, 34,
 107, 112, 115, 116,
 125, 150, 161, 167
Kartoffeln 31, 43,
 74, 146
Kichererbsen 120
Kiwi 87
Kochschinken 73

Zutatenregister

Kohlrabi 128, 163
Kokosflocken 68
Kokosmilch 72, 82
Krabben 42
Kürbis 150
Kürbiskerne 94, 116

Lachs 43
Lamm 156
Lauch 35, 37, 43, 72, 115, 118, 120, 161, 164, 167
Lauchzwiebel 80, 116, 131, 150, 161
Limburger 119
Linsen 82, 115
Lorbeerblätter 167

Magerquark 48
Mais 112, 119, 151
Mango 87, 143
Mascarpone 108
Meerrettich 146
Möhre 67, 156
Mozzarella 38, 122, 162

Nordseekrabben 84

Oliven 75

Orange 72, 87, 161

Paprika 40, 74, 77, 82, 85, 122, 162, 164, 167
Pastinaken 161
Pecorino 36, 151
Peperoncini 75
Petersilie 28, 35, 110, 120
Pfifferlinge 118
Pfirsiche 69, 141
Pilze 36
Pute 77, 159

Quark 119, 143
Quinoa 118, 137

Räucherlachs 42, 146
Rosinen 26, 33, 140
Rote Bete 151
Rotkraut 47

Salat 36, 48, 77, 159
Salsa Picante 110
Sardellen 75
Schafskäse 28, 114

Schinken 27, 34, 41
Sellerie 72, 82, 115, 159, 167
Soja 64, 65, 66, 73, 77, 83, 84
Spinat 70, 154

Thunfisch 80
Tofu 67, 72, 83, 120
Tomaten 27, 38, 41, 44, 64, 70, 77, 115, 122, 124, 125, 126, 158, 167

Vanille 33, 142, 143, 165
Vollkornbrot 163

Wacholderbeeren 74
Waldbeeren 65
Walnuss 30, 67, 121, 147, 159
Wassermelone 164

Ziegenfrischkäse 48, 164
Zucchini 37, 40, 85, 112, 116, 150, 163

Impressum

Hinweis

Das vorliegende Buch ist sorgfältig erarbeitet worden. Dennoch erfolgen alle Angaben ohne Gewähr. Weder Autoren noch Verlag können für eventuelle Nachteile oder Schäden, die aus den im Buch gegebenen Hinweisen resultieren, eine Haftung übernehmen.

© 2013 by Südwest Verlag, einem Unternehmen der Verlagsgruppe Random House GmbH, 81673 München – Alle Rechte vorbehalten –

Die Verwertung der Texte und Bilder, auch auszugsweise, ist ohne Zustimmung des Verlags urheberrechtswidrig und strafbar. Dies gilt auch für Vervielfältigungen, Übersetzungen, Mikroverfilmung und für die Verarbeitung mit elektronischen Systemen.

Redaktionsleitung Susanne Kirstein
Projektleitung Dr. Margit Roth
Redaktion Dr. Margit Roth
Layout, DTP, Projektrealisation v*büro – Jan-Dirk Hansen, München
Umschlaggestaltung Zeichenpool, München
Bildredaktion Annette Mayer
Fotografie und Styling Anke Politt
Foodstyling Julia Luck
Vorbereitung Styling Christine Mähler
Fotoassistenz Sascha Toske
Illustrationen v*büro – Jan-Dirk Hansen, München
Korrektorat Dr. Ulrike Kretschmer, München
Litho Artilitho snc, Lavis (Trento)
Druck und Verarbeitung Mohn media Mohndruck GmbH, Gütersloh

Printed in Germany

Das für dieses Buch verwendete FSC®-zertifizierte Papier
Allegro halbmatt wurde produziert von Sappi Gratkorn.

ISBN 978-3-517-08832-7
817 2635 4453 6271